Hochschul-Auswahltests erfolgreich bestehen

Dieter Herrmann
Angela Verse-Herrmann

Hochschul-Auswahltests erfolgreich bestehen

Das Trainingsprogramm für
Universitäten und Fachhochschulen

berufsstrategie

 Eichborn

Die Autoren

Dr. Dieter Herrmann, mehrjährige Tätigkeit als Studienberater für deutsche und ausländische Studierende an der Universität Bonn, ist Geschäftsführer der Union der deutschen Akademien der Wissenschaften in Mainz.

Dr. Angela Verse-Herrmann war mehrere Jahre Mitarbeiterin in der Zentralen Studienberatung der Universität Trier. Sie arbeitet als Autorin und Seminarleiterin im Bereich Studien- und Berufsplanung und als private Studienberaterin. Siehe auch *www.bw-dienste.de.*

Diverse gemeinsame Veröffentlichungen, zuletzt: *Studieren, aber wo? Der Städtecheck: Alle deutschen Hochschulen im Überblick,* 2005; *Studieren, aber was? Die richtige Studienwahl für optimale Berufsperspektiven,* 2005; *Der große Studienwahltest. So entscheide ich mich für das richtige Studienfach,* 2003.

Die Informationen in diesem Buch sind von den Autoren und dem Verlag sorgfältig geprüft worden, dennoch kann keine Garantie für die Richtigkeit der Informationen und keine Haftung übernommen werden. Eine Haftung der Autoren oder des Verlages für Personen-, Sach- und Vermögensschäden ist ausgeschlossen.

© Eichborn AG, Frankfurt am Main, März 2006
Lektorat: Friederike Mannsperger
Umschlaggestaltung: Christina Hucke
Gesamtherstellung: Fuldaer Verlagsanstalt, Fulda
ISBN 3-8218-5880-X

Verlagsverzeichnis schickt gern:
Eichborn Verlag, Kaiserstraße 66, 60329 Frankfurt am Main
www.eichborn.de

Inhalt

Einleitung

Liebe Leserin, lieber Leser,

Sie haben sich, sicher nach reiflicher Überlegung, dafür entschieden, ein Studium aufzunehmen, und wollen nun wissen, wie Sie schnell und zielsicher an Ihren Wunschstudienplatz kommen. Hierbei möchte Ihnen das Buch behilflich sein.

Denn die Hürden sind seit der Reform des Hochschulzugangs vom Sommer 2004 höher gelegt worden. Vorher konnte man sich in vielen Studienfächern direkt für das Studium einschreiben. Im ungünstigsten Fall musste man sich um einen Studienplatz bei der Zentralstelle für die Vergabe von Studienplätzen (ZVS) bewerben und hierfür entweder einen entsprechenden Abiturdurchschnitt oder eine Wartezeit mitbringen.

Neben den bundesweit vergebenen ZVS-Studiengängen gibt es auch Fächer, deren Plätze nicht zentral vergeben werden, bei denen jedoch an einer speziellen Hochschule die Plätze knapp sind. Bei diesen örtlich zulassungsbeschränkten Studiengängen existieren schon seit einigen Jahren hochschulinterne Aufnahmeprüfungen. Welche Kriterien dabei eine Rolle spielen, zeigen wir Ihnen anhand einiger Beispiele (ab S. 12 ff.).

Die Neuerungen bei der Studienplatzvergabe betreffen in erster Linie das ZVS-Auswahlverfahren. 60 Prozent der bundesweit zulassungsbeschränkten Studiengänge, die von der ZVS vergeben werden, werden nicht mehr nach den Kriterien Abiturnote oder Wartezeit, sondern mit Hilfe von hochschuleigenen Auswahlverfahren vergeben. Welche Studiengänge davon betroffen sind und nach welchen Kriterien dabei ausgewählt wird, erfahren Sie ab S. 23 ff. Die ZVS vergibt zudem im Allgemeinen Auswahlverfahren auch Studiengänge in Nordrhein-Westfalen. Mehr dazu finden Sie auf S. 15 f.

Das Auswahlkriterium »Berufspraktische Kenntnisse« hat an Bedeutung gewonnen und zwar sowohl für die bundesweit zulassungsbeschränkten Fächer als auch für die nicht von der ZVS vergebenen Studienplätze. Je nach Studienfach kann es sich also für Sie als vorteilhaft erweisen, wenn Sie eine für das Fach relevante Berufpraxis vorweisen können (s. S. 40 ff.).

Die Vergabe der Studienplätze kann allein aufgrund der schriftlichen Bewerbung erfolgen. Daher kommt der vollständigen Zusammenstellung der nötigen Unterlagen und dem richtigen Verfassen des Anschreibens und des Motivationsschreibens größte Bedeutung zu. Wir geben Ihnen einige wichtige Hinweise und Beispiele ab S. 52 ff.

An die schriftliche Bewerbung kann sich aber auch ein Auswahlgespräch anschließen. Sie bekommen auch Informationen über den Ablauf eines solchen Gesprächs und erfahren, wie Sie sich am besten auf mögliche schwierige Fragen vorbereiten können (ab S. 70 ff.).

Wir zeigen Ihnen, bei welchen Hochschulen und bei welchen Studienfächern Sie mit Eingangstests rechnen müssen und wie diese Tests aussehen. Sie bekommen Hinweise, wie Sie sich auf die jeweiligen Tests optimal vorbereiten können und auf welche Fragen Sie besonders achten müssen (ab S. 92 ff.).

Die Hochschulaufnahmeprüfungen werden in den nächsten Jahren immer mehr an Bedeutung gewinnen. Sie entsprechen dem, was ohnehin international üblich ist, dass das Abitur nur die formale Studienvoraussetzung ist, dass aber die Aufnahme in einen bestimmten Studiengang von einer Prüfung abhängig gemacht wird. In Ländern wie England, Frankreich oder den USA ist dies seit Jahrzehnten gängige Praxis.

Wir möchten mit dem vorliegenden Buch all diejenigen unterstützen, die sich unliebsame Überraschungen beim Übergang vom Abitur/Fachabitur zum Studium ersparen und unnötige Wartezeiten oder Frustration, wenn es mit dem Wunschstudienplatz nicht geklappt hat, gerne vermeiden möchten.

Schließlich erhalten Sie auch Tipps, was Sie vor der Bewerbung um einen Studienplatz beachten sollten und wie Sie sich bei mehreren Hochschulen gleichzeitig bewerben.

Wir informieren Sie über die Hochschulauswahlverfahren in der Phase ihrer Etablierung. Da eine Vielzahl von Hochschulen derzeit eigene Auswahlverfahren plant und konzipiert, diese jedoch nicht umgehend einführt, bitten wir um Verständnis, dass es in einer solchen Umbruchsituation sehr schnell zu Veränderungen kommen kann. Gleichen Sie die Informationen zur Hochschulzulassung in diesem Buch immer mit aktuellen Unterlagen der Wunschhochschule und/oder den Zulassungsinformationen auf der Website der Hochschulen ab. Unter *www.eichborn.de/hochschul-auswahltests.de* bietet der Eichborn Verlag auch die Möglichkeit, sich über wichtige Veränderungen aktuell zu informieren.

Damit dieses Buch auch weiterhin aktuelle Informationen für die Vorbereitung auf Hochschulauswahlverfahren bieten kann, ist uns Ihre Mithilfe wichtig. Wenn Sie Tests und Gespräche absolviert haben, wären wir Ihnen für eine Rückmeldung dankbar, damit Ihre Erfahrungen in Neuauflagen des Buches mit einfließen können und künftigen Studienbewerbern helfen, sich noch besser auf die Prüfungen vorzubereiten. Bitte schreiben Sie Ihre Erfahrungen an:

Dr. Dieter Herrmann und Dr. Angela Verse-Herrmann
St.-Gereon-Str. 28
55299 Nackenheim
E-Mail: versea@aol.com

Hierfür bereits vorab herzlichen Dank!

Ihnen eine angenehme Lektüre des Buches und viel Erfolg in den Hochschulauswahlverfahren!!

Die grundlegenden Neuerungen bei der Studienplatzvergabe

Bisher gab es üblicherweise drei Wege, einen Studienplatz zu bekommen:

1. Der Studienplatz war zulassungsfrei und man konnte sich mit dem Abiturzeugnis und weiteren Unterlagen frei einschreiben.

2. Der Studienplatz war bundesweit zulassungsbeschränkt (Numerus clausus) und wurde von der ZVS vergeben. Kriterien der Zulassung waren Abiturdurchschnittsnote (für 51 % der von der ZVS vergebenen Studienplätze), die Wartezeit (25 %) und Auswahlverfahren an den Hochschulen (24 %).

3. Der Studienplatz hatte einen örtlichen Numerus clausus. Die Studienplatzvergabe erfolgte entweder anhand der Abiturdurchschnittsnote oder anhand der Wartezeit nach dem Abitur.

Diese Wege bestehen grundsätzlich noch weiter, sind aber wesentlich verändert worden. Grundlage hierfür ist die im Juli 2004 von Bundestag und Bundesrat beschlossene 7. Novelle des Hochschulrahmengesetzes (HRG) zur Neuordnung der Hochschulzulassung.

1. Seit dem Wintersemester 2005/6 werden bei der ZVS nur noch 20 % der Studienplätze nach der Abiturdurchschnittsnote und 20 % nach der Wartezeit ausgewählt. Für 60 % der Studienplätze können sich die Hochschulen ihre künftigen Studierenden selbst auswählen.

2. Die Länder und die Hochschulen haben künftig die Möglichkeit, die Auswahl der Studierenden durch eine Hochschulaufnahmeprüfung auch auf weitere Fächer auszudehnen mit der Folge, dass in den nächsten Jahren die Zahl der zulassungsfreien Studiengänge stark zurückgehen und in immer mehr Fächern vor der Zulassung einen Aufnahmeprüfung stattfinden wird.

3. Die bisherigen (eher formalen) Kriterien Abiturnote und Wartezeit werden ersetzt durch schriftliche Bewerbungen mit Motivationsschreiben, Auswahlgespräche an den Hochschulen, schriftliche Eignungstests oder durch eine Mischung davon.

Ziel der neuen Auswahlverfahren ist der freie Wettbewerb der Hochschulen um die begabtesten und besten Studierenden. Die Studierenden
wiederum erhalten die Möglichkeit, im Wettbewerb untereinander sich
künftig bei ihrer Wunschhochschule zu bewerben und nicht von der
ZVS an eine bestimmte Hochschule geschickt zu werden.

Örtlich zulassungsbeschränkte Studiengänge

Bei vielen örtlich zulassungsbeschränkten Studiengängen sind hochschulinterne Aufnahmeprüfungen schon seit einigen Jahren üblich oder sollen demnächst eingeführt werden.

Baden-Württemberg etwa hat seinen Hochschulen bereits 2003 zugestanden, in allen örtlich zulassungsbeschränkten Studiengängen 90 Prozent der Plätze über ein von der Hochschule durchzuführendes Auswahlverfahren zu vergeben und nur noch 10 Prozent der Studienplätze an Bewerber/-innen mit der längsten Wartezeit. Für die Auswahl werden, je nach Uni und Studienfach, verschiedene Kriterien herangezogen: die Durchschnittsnote der Hochschulzugangsberechtigung (Abitur, Fachabitur oder fachbezogenes Abitur, im Folgenden der Einfachheit halber Abiturnote genannt), relevante schulische Einzelnoten, das Ergebnis eines Auswahltests, außerschulische Aktivitäten (z.B. Praktika) oder ein Auswahlgespräch. So werden z.B. an der Universität Mannheim im Studiengang BWL (Diplom) Ranglisten erstellt nach Abiturdurchschnittsnote, Noten in Mathematik, Deutsch und einer Fremdsprache sowie nach Berufspraxis. Diese Kriterien werden in einem Punktesystem verschieden gewichtet, wobei die Abiturnote im Verhältnis überwiegt.

In Hessen entscheidet über 80 Prozent der Studienplätze ein hochschulinternes Auswahlverfahren, 20 Prozent werden nach der Wartezeit vergeben. An der Universität Frankfurt ist für 80 Prozent der Plätze im Studiengang Biochemie (Diplom) ein Auswahlgespräch ausschlaggebend, im Studiengang Wirtschaftswissenschaften (Bachelor of Science) spielen dagegen Schulnoten, Berufsausbildung und außerschulische Leistungen eine Rolle.

In Niedersachsen werden ab dem Wintersemester 2006/2007 75–90 Prozent der Studienplätze in örtlich zulassungsbeschränkten Studiengängen in hochschuleigenen Auswahlverfahren vergeben. Auch hier wird der Abiturnote besondere Bedeutung beigemessen; weitere Kriterien sind Leistungen in anderen Fächern, eine Berufsausbildung, ein Motivationsschreiben, ein Auswahlgespräch oder Eingangstests.

Auf die einzelnen Auswahlkriterien der Hochschulen werden wir im Verlauf des Buches noch ausführlich eingehen.

Bei der Wahl des Studienortes sollten Sie also in Erfahrung bringen, **Tipp!** an welchen Hochschulen für den gewünschten Studiengang eine örtliche Zulassungsbeschränkung besteht. Auf den Internetseiten der jeweiligen Hochschulen können Sie sich anschließend nach den genauen Auswahlregeln erkundigen. Sie können den Numerus clausus bei entsprechender regionaler Mobilität auch umgehen, indem Sie sich an eine andere Hochschule wenden, bei der der gleiche Studiengang ohne Zulassungsbeschränkung studiert werden kann.

Das geänderte ZVS-Auswahlverfahren

So funktioniert das neue ZVS-Verfahren

Die Reform der Hochschulzulassung bezieht sich in erster Linie auf das Allgemeine Auswahlverfahren der bundesweit durch die Zentralstelle für die Vergabe von Studienplätzen (ZVS) zu vergebenden Studienplätze in

- Biologie
- Medizin
- Pharmazie
- Psychologie
- Tiermedizin
- Zahnmedizin

Die ZVS vergibt Studienplätze für diejenigen Fächer, die – bundesweit gesehen – seit längerem erheblich mehr Bewerbungen als freie Plätze haben. Bis zum Wintersemester 2005/2006 wurden hierbei 51 Prozent der Studienplätze nach der Qualifikation, 25 Prozent nach der Wartezeit und 24 Prozent in den Auswahlverfahren der Hochschulen vergeben. In Letztere gelangt man nur über eine Bewerbung bei der ZVS. Der Begriff Qualifikation bedeutet, dass hier die Durchschnittsnote des Abiturs oder des Fachabiturs herangezogen wird. Als Wartezeit gelten die Halbjahre (= Semester), die seit dem Abitur vergangen sind und die man nicht studiert hat. Was man in der Wartezeit gemacht hat, spielt für die ZVS ansonsten keine Rolle. Bei der Abiturbestenauswahl konkurrieren nur die Abiturienten aus dem jeweiligen Bundesland miteinander. Die ZVS teilt die zu vergebenden Studienplätze in 16 Landesquoten, so dass nur Bewerberinnen und Bewerber aus demselben Bundesland im Wettbewerb stehen. Gleiches Bundesland heißt, dass dort das Abitur abgelegt wurde. Mit diesem System wird sichergestellt, dass nicht diejenigen einen Vorteil haben, die das Abitur in einem Bundesland abgelegt haben, in dem die Noten unter Umständen besser sind als in anderen Bundesländern. Was die ZVS nicht berücksichtigt, ist die Situation *in* den Bundesländern. Denn es ist kein Geheimnis, dass es, häufig sogar in einer Stadt, Gymnasien gibt, denen der Ruf vorauseilt, an ihnen sei das Abitur leichter und mit besseren Noten zu erwerben.

Die ZVS-Zulassung im Überblick

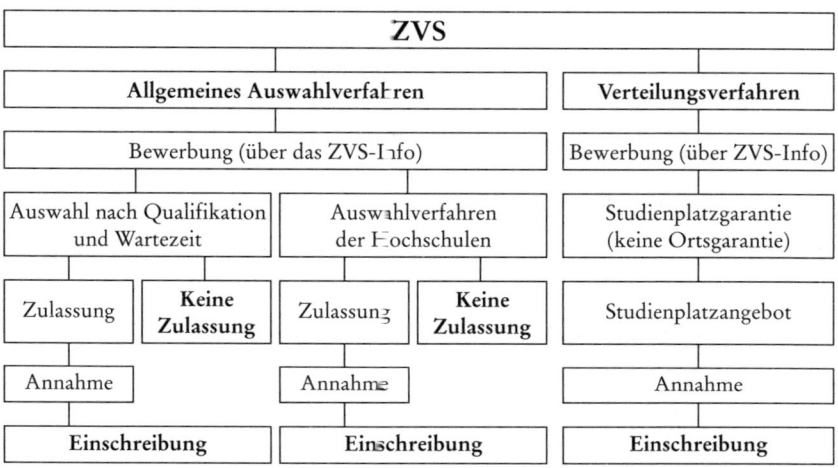

Das so genannte Verteilungsverfahren der ZVS, mit dem bei einem zu großen Andrang auf einzelne beliebte Hochschulen Bewerber auf alle bundesdeutschen Hochschulen verteilt werden, wird im ZVS-Info beschrieben, findet seit mehreren Jahren jedoch keine Anwendung mehr.

Sonderfall Nordrhein-Westfalen

Zusätzlich zu den Studienplätzen an Universitäten in bundesweit zulassungsbeschränkten Studiengängen vergibt die ZVS im Allgemeinen Auswahlverfahren auch Studienplätze an Universitäten und Fachhochschulen in Nordrhein-Westfalen. Diese sind derzeit:

An Universitäten:
- Betriebswirtschaft
- Erziehungswissenschaft (Abschluss Diplom-Pädagoge/Diplom-Pädagogin oder Diplom-Heilpädagoge/Diplom-Heilpädagogin)
- Geographie
- Kunstgeschichte als Hauptfach
- Kunstgeschichte als Nebenfach
- Lebensmittelchemie
- Pädagogik (mit Abschluss Diplom)
- Rechtswissenschaft
- Sportwissenschaft

- Wirtschaftsinformatik
- Lehramt an Grund-, Haupt- und Realschulen und den ent-
  sprechenden Jahrgangsstufen der Gesamtschulen für den
  Studienschwerpunkt Grundschule mit den Fächern Deutsch
  und Mathematik
- Lehramt an Gymnasien und Gesamtschulen für die Fächer
  Biologie und Sonderpädagogik
- Lehramt an Berufskollegs für die Fächer Biologie und Sonder-
  pädagogik
- Lehramt für Sonderpädagogik

**An Fachhochschulen und an Universitäten
mit Gesamthochschultradition*:**
- Architektur ohne studiengangsbezogene Eignungsfeststellung
- Sozialarbeit
- Soziale Arbeit
- Sozialpädagogik
- Wirtschaft
- Wirtschaftsrecht
- Betriebswirtschaft
- Lebensmittelchemie
- Psychologie
- Wirtschaftsinformatik

Was ändert sich beim ZVS-Zulassungsverfahren?
Nach wie vor ist die Bewerbung für einen bundesweit zulassungsbeschränkten Studiengang an die ZVS zu richten. Und auch zukünftig ist
ein gutes Abitur die sicherste Möglichkeit, den gewünschten Studienplatz zu bekommen. Es hat sich jedoch darüber hinaus einiges grundsätzlich geändert.

---

*   Bei Letzteren handelt es sich um Universitäten, die Bewerber/-innen mit Fach-
     hochschulreife zum Studium eines Faches zulassen, die über Brückenkurse die
     Möglichkeit erhalten, einen universitären Studienabschluss zu erlangen.

60 Prozent der Studienplätze werden von den Hochschulen selbst vergeben. **Info!**

Seit dem Wintersemester 2005/2006 werden im Allgemeinen Auswahlverfahren in den bundesweit vergebenen Studienplätzen Biologie, Humanmedizin, Pharmazie, Psychologie, Tiermedizin, Zahnmedizin 20 Prozent der zur Verfügung stehenden Studienplätze an diejenigen mit der besten Abiturdurchschnittsnote vergeben und 20 Prozent an diejenigen mit der längsten Wartezeit. An die 60 Prozent der restlichen Studienplätze gelangt man über die Auswahlverfahren der Hochschulen. Den Hochschulen ist dabei ein Gestaltungsspielraum nach Maßgabe des jeweiligen Landesrechts gegeben. Für die Auswahl dieser 60 Prozent der Studienplätze können folgende Kriterien herangezogen werden:

- die Abiturdurchschnittsnote
- Einzelnoten des Abiturzeugnisses, die über die Eignung für das Fach Auskunft geben
- das Ergebnis eines fachspezifischen Studierfähigkeitstests
- eine vorherige einschlägige Berufsausbildung oder Berufstätigkeit
- das Ergebnis eines Auswahlgesprächs, das über Motivation und Eignung für das gewählte Studium und den angestrebten Beruf Aufschluss geben kann und auch dazu dienen soll, Fehlvorstellungen zu vermeiden
- evtl. zusätzliche Kriterien nach Landesrecht
- eine Kombination dieser Kriterien

Die Hochschulen können nach einem Kriterium die Auswahl vornehmen, sie können aber auch mehrere davon miteinander kombinieren und verschieden gewichten. Sie haben darüber hinaus die Möglichkeit, auch außerschulische Aktivitäten mit zu berücksichtigen. In jedem Fall muss die Abiturdurchschnittsnote einen maßgeblichen Einfluss auf die Zulassung zum Studium behalten. Die neuen Regeln der Studienplatzvergabe haben mehr Wettbewerb der Universitäten um die besten Studenten sowie mehr Wettbewerb der besten Abiturienten um die gewünschte Uni zur Folge. Das heißt auch, dass beide Seiten – Universität und angehende Studenten – sich mehr Gedanken zu machen haben über die (Aus-)Wahl des richtigen Partners. Die Universitäten müssen ihr Profil, ihre Anforderungen an den künftigen Studenten klarer als bisher definieren. Die angehenden Studenten müssen sich mehr Gedanken über die Wahl der »richtigen« Uni und die Art des Zugangs machen.

Fernziel für die meisten Länder und Hochschulen ist es, in den nächsten Jahren ein einheitliches System für alle Studienfächer in ihrem Bundesland einzurichten. Bleibt nur ein kleiner Trost für künftige Studierende: In der Gesetzesänderung ist ausdrücklich festgehalten, dass die Neugestaltung der Zulassung nicht auf dem finanziellen Rücken der Bewerber ausgetragen werden darf. Gebührenerhebungen für Auswahlverfahren sind den Hochschulen auf absehbare Zeit untersagt. Für die nächste Studentengeneration wird es nicht mehr möglich sein, sich nur aufgrund der Hochschulzugangsberechtigung (Abitur, Fachhochschulreife oder fachbezogene Hochschulzugangsberechtigung) bei der Hochschule ihrer Wahl frei einzuschreiben. Der Trend, dass zwischen Abitur und Studienbeginn eine wie auch immer geartete Prüfung bestanden werden muss, ist unübersehbar. Damit wird Deutschland eines der letzten Länder sein, das Hochschulaufnahmeprüfungen einführt. In anderen Ländern ist dies seit Jahrzehnten gängige Praxis.

Wie bewerbe ich mich bei der ZVS?

Wenn Sie einen der genannten bundesweit zulassungsbeschränkten Studiengänge studieren möchten, bewerben Sie sich bei der ZVS.

Tipp! Wer sich also für Biologie, Humanmedizin, Pharmazie, Psychologie, Tiermedizin, Zahnmedizin (oder für einen der o. g. Studiengänge in NRW) bewerben will, der fordert bei der ZVS (Anschrift Sonnenstraße 171, 44128 Dortmund, Tel. 0231/1081-0, Fax 0231/1081-227, E-Mail: poststelle@zvs.nrw.de, Internet: www.zvs.de) das aktuelle ZVS-Info für das Bewerbungssemester an. Im ZVS-Info-Heft ist der Bewerbungsvordruck enthalten. Auch kann er von der Homepage der ZVS heruntergeladen werden.

Es besteht auch die Möglichkeit, seine Daten online der ZVS mitzuteilen. Hierzu gibt es auf der ZVS-Homepage das System AntOn, in das die persönlichen Angaben eingetragen werden können und das auf Fehler und fehlende Angaben sogleich hinweist. Die Bewerber/-innen erhalten dann eine Nummer, unter der die Angaben bei der ZVS gespeichert sind. Ein unterschriebener Ausdruck der mitgeteilten Daten und die weiteren Belege für die Bewerbung (etwa das beglaubigte Abiturzeugnis) müssen auf dem Postweg nachgereicht werden. Sind die persönlichen Daten eines Antragstellers elektronisch erfasst, gilt die Bewerbungsfrist als eingehalten. Wer sich zum zweiten oder wiederholten Mal bei der ZVS bewirbt, kann auf den alten Datensatz zurückgreifen, ihn aktualisieren und dann für eine erneute Bewerbung verwenden.

Die ZVS-Infos sind zudem erhältlich in den Studienberatungen der Hochschulen, bei den Berufsinformationszentren (BIZ) der Bundesagentur für Arbeit und direkt bei den weiterführenden Schulen ab Mitte April (für das kommende Wintersemester) und Anfang November (für das Sommersemester).

Bewerbungsfristen für das Wintersemester sind entweder der **Info!** 31. Mai (gilt für so genannte Alt-Abiturienten, die vor dem 16. Januar desselben Jahres ihr Abitur abgelegt haben) oder der 15. Juli (gilt für so genannte Neu-Abiturienten, die zwischen dem 16. Januar und dem 15. Juli desselben Jahres ihr Abiturzeugnis erhalten haben). Die Unterlagen müssen spätestens an diesen beiden Tagen eingegangen sein (sog. Ausschlussfristen).

Die **Termine für das Sommersemester** sind der **30. November** (gilt für Alt-Abiturienten, die vor dem 16. Juli desselben Jahres ihr Abitur erworben haben) und der **15. Januar** (Erwerb des Abiturs zwischen dem 16. Juli des Vorjahres bis 15. Januar des Bewerbungsjahres).

Bewerber sollten im ZVS-Info, auf der ZVS-Homepage (*www.zvs.de*) und auf der Homepage der jeweiligen Hochschule recherchieren, ob und welche Unterlagen *zusätzlich* zu den ZVS-Bewerbungsunterlagen bei der Hochschule, bei der man ein Auswahlverfahren durchlaufen möchte, eingereicht werden müssen.

Die Auswahlgrenzen der ZVS

Auswahl nach Abiturnote und Wartezeit

Seit dem Wintersemester 2005/2006 werden nur noch 20 Prozent der Studienplätze an die Bewerber mit den besten Abiturnoten vergeben. Wegen der Reduzierung dieser Quote werden in den nächsten Jahren nur noch Bewerber/-innen eine realistische Chance haben, die ein Abitur zwischen 1,0 und 1,8 gemacht haben. Die gleichzeitige Reduzierung der Wartezeitquote auf ebenfalls 20 Prozent wird die Semesterzahl an Wartezeit erheblich nach oben treiben. Hier hat nur noch der eine realistische Chance, der zwischen mindestens 5 bis 7 Semester Wartezeit vorweisen kann.

Die ZVS vergibt zunächst Studienplätze an Zweitstudienbewerber, Härtefälle und Nicht-EU-Ausländer. Ferner werden Bewerber, die wegen eines Dienstes (Wehr- oder Zivildienst, freiwilliges soziales oder ökologisches Jahr, europäischer Freiwilligendienst) daran gehindert waren, einen Studienplatz anzutreten, erneut zugelassen. Für die verbleibenden Studienplätze kommen zuerst Abiturnote und Wartezeit ins Spiel. Zum Wintersemester 2005/2006 waren die Auswahlgrenzen, wie zuvor schon ausgeführt, entsprechend hoch:

Auswahlgrenzen nach der Abiturnote zum Wintersemester 2005/2006

Bundesland, in dem das Abitur erworben wurde	Bio-logie	Medi-zin	Phar-mazie	Psycho-logie	Tier-medizin	Zahn-medizin
Baden-Württemberg	1,5	1,0	1,3	1,2	1,4	1,4
Bayern	1,7	1,2	1,5	1,3	1,5	1,5
Berlin	2,1	1,5	1,9	1,5	1,8	1,8
Brandenburg	1,6	1,2	1,4	1,3	1,5	1,4
Bremen	2,1	1,1	1,8	1,3	1,6	1,7
Hamburg	2,1	1,3	2,0	1,4	1,8	1,9
Hessen	1,7	1,2	1,6	1,2	1,4	1,5
Mecklenburg-Vorpommern	1,7	1,1	1,2	1,2	1,6	1,5
Niedersachsen	2,0	1,4	1,8	1,4	1,5	1,7
Nordrhein-Westfalen	1,8	1,3	1,8	1,3	1,5	1,6
Rheinland-Pfalz	1,7	1,1	1,5	1,3	1,3	1,5
Saarland	1,5	1,1	1,5	1,4	1,1	1,5
Sachsen	1,5	1,2	1,4	1,2	1,5	1,4
Sachsen-Anhalt	1,6	1,1	1,3	1,2	1,5	1,2
Schleswig-Holstein	2,0	1,3	1,7	1,4	1,7	1,7
Thüringen	1,5	1,1	1,3	1,1	1,4	1,4

Quelle: ZVS-Homepage
www.zvs.de/NC/WS2005/001/AbiBest/AG_AbiBest_05-2-001.htm (zuletzt aufgerufen 3.9.2005)

Bei der Studienplatzvergabe nach Abiturnote können Bewerber/-innen sechs Studienorte (in der gewünschten Reihenfolge von 1 bis 6) nennen, an denen sie zugelassen werden wollen. Eine Zulassung für eine Universität, die nicht in der Liste der gewünschten Orte aufgeführt wird, ist nicht möglich. Wer nur stark nachgefragte Hochschulen bei den sechs Ortswünschen angibt, gerät in Gefahr, überhaupt nicht berücksichtigt zu werden. Haben mehr Bewerber/-innen einen Ort gewählt, als die ZVS Studienplätze dort vergeben kann, vergibt die ZVS die Studienplätze zuerst an diejenigen mit der besten Abiturdurchschnittsnote.

Wer über die Abiturnote ausgewählt wurde, aber aufgrund der Ortsangabe scheiterte, dem stehen dann nur noch die Wege über die Wartezeit oder die Auswahlverfahren der Hochschulen offen.

Auswahlgrenzen nach Wartezeit zum Wintersemester 2005/2006

Studiengang	Wartezeit in Halbjahren
Biologie	2
Humanmedizin	8
Pharmazie	3
Psychologie	10
Tiermedizin	10
Zahnmedizin	6

Quelle: *www.zvs.de/NC/WS2005/001/WZ/AG_WZ_05_2_001.htm* (zuletzt aufgerufen 12.10.2005)

Diejenigen, die Wartesemester angesammelt haben und über diesen Weg an den Studienplatz gelangen, können Studienorte in unbegrenzter Zahl nennen. Haben sich unter den über die Wartezeit ausgewählten Personen mehr Interessenten für einen Studienort gemeldet, als dort aufgenommen werden können, sind soziale Kriterien maßgeblich. Die Bewerber/-innen werden hierzu in fünf Gruppen eingeteilt, wobei Gruppe eins die günstigste ist, um den gewünschten Studienort zu erhalten, und Gruppe fünf die ungünstigste. Gruppe eins sind die Schwerbehinderten, Gruppe zwei verheiratete Personen oder Personen, die am gewünschten Ort verheiratet sind oder Kinder erziehen. Zu Gruppe drei gehören all diejenigen, die wichtige Gründe für einen Hochschulort geltend machen können (etwa ehrenamtliche Tätigkeit, Mithilfe im elterlichen Betrieb, Leistungssport am Hochschulort, Pflege eines kranken Familienangehörigen, aber auch der Umstand, dass bereits Geschwister auswärts studieren und die Eltern finanziell nicht in der Lage sind, ein weiteres auswärtiges Studium zu bezahlen). Gruppe vier umfasst die Personen, die im Umfeld des gewünschten Studienortes wohnen, und Gruppe fünf sind die Übrigen.

Die Hochschulquote

Wer nach Abiturnote und Wartezeit nicht zugelassen wurde, der kann über die Auswahlverfahren der Hochschulen an den gewünschten Studienplatz gelangen. Im Zulassungsantrag können Bewerber/-innen bis zu sechs Hochschulen nennen, bei denen sie ein Auswahlverfahren durchlaufen möchten. Die ZVS teilt diesen Hochschulen mit, welcher Bewerber sie mit welcher Ortspräferenz genannt hat.

Die Hochschulen führen die Auswahlverfahren nach den Kriterien durch, die bereits genannt wurden (s. S. 12 f.).

Vorauswahl durch die ZVS

Aufgrund der Vielzahl der Bewerber/-innen – zum Wintersemester 2005/2006 gab es etwa 120.000 Bewerbungen bei der ZVS – können manche Hochschulen nicht alle zu einem Auswahlverfahren einladen und lassen durch die ZVS eine Vorauswahl treffen. Die Kriterien in der Vorauswahl durch die ZVS sind, neben der Abiturnote, die, die auch für das eigentliche Auswahlverfahren gelten. Wenn eine Hochschule Wert auf Studenten legt, die sich in besonderem Maße mit ihr identifizieren, kommt der Faktor *Ortspräferenz* hinzu, d.h., es werden vor allem diejenigen eingeladen, die diese Hochschule an die Spitze ihrer Wunsch-Studienortsliste gesetzt haben. Bis zu sechs Hochschulen können angegeben werden (siehe auch Erläuterungen zur Ortspräferenz unter *www.zvs.de*).

Will oder kann (etwa aus Personalmangel) eine Hochschule ein Auswahlverfahren am Hochschulort nicht durchführen, kann sie die ZVS mit der kompletten Durchführung des Verfahrens beauftragen, worauf diese eine Auswahl anhand der besten Abiturnote trifft. Weitere nachrangige Kriterien, die bei der Alleinauswahl der ZVS hinzugezogen werden können, sind die Ableistung eines Dienstes oder das Los.

Der Hochschulzugang der ZVS-Fächer auf einen Blick

In der folgenden Übersicht finden Sie die Hochschulen mit ihren jeweiligen Auswahlverfahren und den maßgeblichen Auswahlkriterien für die sechs bundesweit vergebenen Studiengänge*.

---

* Quelle: ZVS-Info Wintersemester 2005/2006 und eigene Recherchen

Biologie (Diplomstudiengänge)*

Hochschule	Vorauswahl durch die ZVS	Auswahlverfahren der Hochschule
RWTH Aachen	keine	Die ZVS wählt für die Hochschule nach Abiturnote aus.
U Bochum	keine	Die ZVS wählt für die Hochschule nach Abiturnote aus.
U Bonn	keine	Die ZVS wählt für die Hochschule nach Abiturnote aus.
TU Darmstadt	keine	Die ZVS wählt für die Hochschule nach Abiturnote aus.
TU Dresden	Vorauswahl durch die ZVS nach den Kriterien: Ortspräferenz 1–4, jeweils bis zur Abiturnote 2,0	Die ZVS wählt für die Hochschule nach Abiturnote aus.
U Düsseldorf	keine	Die ZVS wählt für die Hochschule nach Abiturnote aus.
U Frankfurt/Main	Vorauswahl durch die ZVS nach den Kriterien: Ortspräferenz 1–4, jeweils bis zur Abiturnote 3,0	Die Hochschule wählt aus nach einer Gewichtung der im Abiturzeugnis ausgewiesenen Leistung in Fächern, die Aufschluss über die fachspezifische Eignung für diesen Studiengang geben.
U Freiburg	keine	Die Hochschule wählt aus nach den Kriterien Abiturnote und Berufsausbildung/-tätigkeit.
U Gießen	keine	Die ZVS wählt für die Hochschule nach Abiturnote aus.
U Göttingen	keine	Die ZVS wählt für die Hochschule nach Abiturnote aus.
U Greifswald	keine	Die ZVS wählt für die Hochschule nach Abiturnote aus.

* Für *Bachelor-Studiengänge* Biologie bewirbt man sich direkt bei den Hochschulen, der U Bayreuth, der FU Berlin, der HU Berlin, der U Bremen, der U Erlangen-Nürnberg, der U Heidelberg, der U Köln, der U Konstanz, der U Leipzig, der U Marburg, der TU München/Weihenstephan, der U Münster, der U Oldenburg und der U Potsdam.

U Halle-Wittenberg	keine	Die ZVS wählt für die Hochschule nach Abiturnote aus.
U Hamburg	keine	Die ZVS wählt für die Hochschule nach Abiturnote aus.
U Hohenheim/ Stuttgart	keine	Die Hochschule wählt aus nach den Kriterien Abiturnote und Berufsausbildung/ -tätigkeit.
U Jena	Die ZVS wählt zunächst aus nach der Ortspräferenz, dann entscheidet die Abiturnote über die Zulassung zum eigentlichen Hochschul-Auswahlverfahren.	Die Hochschule wählt aus nach den Kriterien Abiturnote, einschlägige abgeschlossene Berufsausbildung und Motivationsschreiben.
U Kaiserslautern	keine	Die ZVS wählt für die Hochschule nach Abiturnote aus.
U Karlsruhe	keine	Die Hochschule wählt aus nach den Kriterien Abiturnote und Berufsausbildung/ -tätigkeit.
U Kassel	keine	Die ZVS wählt für die Hochschule nach Abiturnote aus.
U Kiel	keine	Die ZVS wählt für die Hochschule nach Abiturnote aus.
U Mainz	Vorauswahl durch die ZVS nach dem Kriterium Ortspräferenz 1–3	Die Hochschule wählt aus nach der Verbindung der Abiturnote mit gewichteten Einzelfächern aus dem Bereich Mathematik/Naturwissenschaften.
U München	keine	Die ZVS wählt für die Hochschule nach Abiturnote aus.
U Osnabrück	keine	Die ZVS wählt für die Hochschule nach Abiturnote aus.
U Regensburg	keine	Die ZVS wählt für die Hochschule nach Abiturnote aus.

U Rostock	Vorauswahl durch die ZVS nach der Abiturnote 2,7	Die Hochschule wählt aus, indem sie die Abiturnote zu 60 % gewichtet und eine Bewerbungsmappe zu 40 %. Hieraus sollen Motivation/ Identifikation für das Studienfach, praktische Tätigkeiten, außerschulische Leistungen und besondere Vorbildungen hervorgehen.
U Saarbrücken	keine	Die ZVS wählt für die Hochschule nach der Abiturnote aus.
U Tübingen	Vorauswahl durch die ZVS mit dem Kriterium Ortspräferenz 1	Die Hochschule wählt aus nach den Kriterien Abiturnote und abgeschlossene Berufsausbildung in einem medizinischen Beruf, verbunden mit einer zusätzlichen mindestens zweijährigen einschlägigen Berufstätigkeit.
U Ulm	keine	Die Hochschule wählt aus nach den Kriterien Abiturnote und Berufsausbildung.
U Würzburg	keine	Die ZVS wählt für die Hochschule nach Abiturnote aus.

Humanmedizin (Abschluss Staatsexamen)

Hochschule	Vorauswahl durch die ZVS	Auswahlverfahren der Hochschule
RWTH Aachen	keine	Die ZVS wählt für die Hochschule nach Abiturnote aus.
Charité-Universitätsmedizin Berlin	Vorauswahl nach dem Kriterium Ortspräferenz 1	Die Hochschule wählt für 75 % ihrer Studienplätze nach der Abiturnote, der Belegung der Fächer Mathematik, Physik, Biologie und Chemie (Bonus für Belegung eines dieser Fächer als Leistungskurs) und guten Noten in den Fächern Deutsch und Englisch aus. 25% der Studienplätze werden nach dem Ergebnis eines Auswahlgespräches vergeben.
U Bochum	keine	Die ZVS wählt für die Hochschule nach Abiturnote aus.
U Bonn	keine	Die ZVS wählt für die Hochschule nach Abiturnote aus.
TU Dresden	Vorauswahl durch die ZVS nach Abiturnote und Ortspräferenz 1	Die Hochschule wählt u. a. nach einem Auswahlgespräch und der Einreichung weiterer schriftlicher Unterlagen aus.
U Duisburg-Essen, Campus Essen	Vorauswahl durch die ZVS nach Ortspräferenz 1–3 und Abiturnote	Die Hochschule wählt aus nach den Kriterien Abiturnote und Auswahlgespräch.
U Düsseldorf	keine	Die ZVS wählt für die Hochschule nach Abiturnote aus.
U Erlangen-Nürnberg	keine	Die Hochschule wählt aus nach der Abiturnote.
U Frankfurt/Main	keine	Die ZVS wählt für die Hochschule nach Abiturnote aus.
U Freiburg	keine	Die Hochschule wählt aus nach den Kriterien Abiturnote und Berufsausbildung/-tätigkeit.

U Gießen	keine	Die ZVS wählt für die Hochschule nach Abiturnote aus.
U Göttingen	keine	Die ZVS wählt für die Hochschule nach Abiturnote aus.
U Greifswald	Vorauswahl durch die ZVS nach Ortspräferenz 1–3	Die Hochschule wählt für 75 % ihrer Studienplätze nach Abiturnote, Schulleistungen in der Oberstufe und berufspraktischen Erfahrungen aus. 25 % der Studienplätze werden nach einem Auswahlgespräch vergeben.
U Halle-Wittenberg	keine	Die ZVS wählt für die Hochschule nach Abiturnote aus.
U Hamburg	keine	Die ZVS wählt für die Hochschule nach Abiturnote aus.
Med. Hochschule Hannover	keine	Die ZVS wählt für die Hochschule nach Abiturnote aus.
U Heidelberg	keine	Die Hochschule wählt aus nach den Kriterien Abiturnote und einschlägige Berufsausbildung/-tätigkeit. Gewichtung 4:1.
U Jena	Die ZVS wählt zunächst aus nach der Ortspräferenz, dann entscheidet die Abiturnote über die Zulassung zum eigentlichen Hochschul-Auswahlverfahren.	Die Hochschule wählt aus nach den Kriterien Abiturnote, einschlägige abgeschlossene Berufsausbildung und Motivationsschreiben.
U Kiel	keine	Die ZVS wählt für die Hochschule nach Abiturnote aus.
U Köln	Vorauswahl durch die ZVS nach Ortspräferenz 1–3 und Abiturnote	Die ZVS wählt für die Hochschule nach Abiturnote aus.
U Leipzig	Vorauswahl durch die ZVS nach der Abiturnote	Die Hochschule wählt aus nach den Kriterien Abiturnote, Berufsausbildung/-tätigkeit und Ergebnis eines fachspezifischen Studierfähigkeitstests.

U Lübeck	keine	Die ZVS wählt für die Hochschule nach Abiturnote aus.
U Magdeburg	keine	Vorauswahl unter Bewerbern, die Magdeburg als Ortspräferenz 1 – 6 genannt haben, nach einer »Zulassungspunktzahl«. Formel: ZPZ = 0,6 x Durchschnittsnote + 0,4 x Ortspräferenz Die Bewerber werden nach der ZPZ neu geordnet. In das Auswahlverfahren gelangen dann von dieser ZPZ-Rangliste fünfmal mehr Bewerber, als Studienplätze vorhanden sind. Anschließend führt die Hochschule das Auswahlverfahren nach dem Kriterium Abiturnote durch.
U Mainz	Vorauswahl durch die ZVS nach Ortspräferenz 1–3	Die Hochschule wählt jeweils einen Teil ihre Studierenden nur nach der Abiturnote und nur nach einem Auswahlgespräch aus.
U Marburg	keine	Die ZVS wählt für die Hochschule nach Abiturnote aus.
U München (LMU und TU gemeins.)	keine	Die ZVS wählt für die Hochschule nach Abiturnote aus.
U Münster	keine	Die ZVS wählt für die Hochschule nach Abiturnote aus.
U Regensburg	keine	Die ZVS wählt für die Hochschule nach Abiturnote aus.
U Rostock	Vorauswahl durch die ZVS nach der Abiturnote 2,7 und Ortspräferenz 1–3	Im Auswahlverfahren der Universität wird die Abiturnote zu 60 % gewichtet und die gewichteten Noten der Abiturprüfungsfächer Mathematik, Physik, Biologie, Chemie und Deutsch zu 40%.

U Saarbrücken in Homburg	keine	Die ZVS wählt für die Hochschule nach Abiturnote aus.
U Tübingen	Vorauswahl durch die ZVS mit dem Kriterium Ortspräferenz 1	Die Hochschule wählt aus nach den Kriterien Abiturnote und abgeschlossene Berufsausbildung in einem medizinischen Beruf, verbunden mit einer zusätzlichen mind. zweijährigen einschlägigen Berufstätigkeit.
U Ulm	keine	Die Hochschule wählt aus nach den Kriterien Abiturnote und Berufsausbildung.
U Würzburg	keine	Die ZVS wählt für die Hochschule nach Abiturnote aus.

Pharmazie (Abschluss Staatsexamen)

Hochschule	Vorauswahl der ZVS	Auswahlverfahren der Hochschule
FU Berlin	Vorauswahl nach Ortspräferenz 1 und 2 und Abiturnote 2,5	Die Hochschule wählt aus nach dem Kriterium Abiturnote.
U Bonn	keine	Die ZVS wählt für die Hochschule nach Abiturnote aus.
TU Braunschweig	keine	Die ZVS wählt für die Hochschule nach Abiturnote aus.
U Düsseldorf	keine	Die ZVS wählt für die Hochschule nach Abiturnote aus.
U Erlangen-Nürnberg	keine	Die Hochschule wählt aus nach der Abiturnote.
U Frankfurt/Main	keine	Die Hochschule wählt aus nach der Abiturdurchschnittsnote und dem Ergebnis eines Auswahlgespräches.
U Freiburg	keine	Die Hochschule wählt aus nach der Abiturnote und einer Berufsausbildung/-tätigkeit.

U Greifswald	keine	Die ZVS wählt für die Hochschule nach Abiturnote aus.
U Halle-Wittenberg	keine	Die ZVS wählt für die Hochschule nach Abiturnote aus.
U Hamburg	keine	Die ZVS wählt für die Hochschule nach Abiturnote aus.
U Heidelberg	keine	Die Hochschule wählt aus nach den Kriterien Abiturnote und einschlägige Berufsausbildung/-tätigkeit. Gewichtung 4:1.
U Jena	Die ZVS wählt zunächst aus nach der Ortspräferenz, dann entscheidet die Abiturnote über die Zulassung zum eigentlichen Hochschul-Auswahlverfahren.	Die Hochschule wählt aus nach den Kriterien Abiturnote, einschlägige abgeschlossene Berufsausbildung und Motivationsschreiben.
U Kiel	keine	Die ZVS wählt für die Hochschule nach Abiturnote aus.
U Leipzig	keine	Die ZVS wählt für die Hochschule nach Abiturnote aus.
U Mainz	Vorauswahl durch die ZVS nach Ortspräferenz 1–3	Die Hochschule wählt aus, indem die Abiturnote verbunden wird mit gewichteten Einzelfächern aus dem Bereich Mathematik/Naturwissenschaften.
U Marburg	keine	Die ZVS wählt für die Hochschule nach Abiturnote aus.
U München	keine	Die ZVS wählt für die Hochschule nach Abiturnote aus.
U Münster	keine	Die ZVS wählt für die Hochschule nach Abiturnote aus.
U Saarbrücken	keine	Die Hochschule wählt aus nach den Kriterien Abiturnote, Leistungen in naturwissenschaftlichen Schulfächern, die im Abiturzeugnis belegt werden, und einer Berufsausbildung/-tätigkeit.

| U Tübingen | keine | Die Hochschule wählt unter den Bewerbern, die Tübingen als Ortspräferenz 1 genannt haben, nach folgenden Kriterien aus: Abiturnote, drei Einzelnoten der Fächer Mathematik, Chemie, Physik oder Biologie, geeignete Berufsausbildung für diesen Studiengang und sonstige Leistungen. |
| U Würzburg | keine | Die ZVS wählt für die Hochschule nach Abiturnote aus. |

Psychologie (Diplom)*

Hochschule	Vorauswahl der ZVS	Auswahlverfahren der Hochschule
U Bamberg	keine	Die ZVS wählt für die Hochschule nach Abiturnote aus.
FU Berlin	Vorauswahl nach Ortspräferenz 1 und 2 und Abiturnote 2,5	Die Hochschule wählt aus nach dem Kriterium Abiturnote.
HU Berlin	Vorauswahl nach den Kriterien Ortspräferenz 1 und Abiturnote 2,2	Die ZVS wählt für die Hochschule nach dem Kriterium Abiturnote aus.
U Bielefeld	keine	Die ZVS wählt für die Hochschule nach Abiturnote aus.
U Bonn	keine	Die ZVS wählt für die Hochschule nach Abiturnote aus.
TU Braunschweig	keine	Die ZVS wählt für die Hochschule nach Abiturnote aus.
U Bremen	keine	Die ZVS wählt für die Hochschule nach Abiturnote aus.
TU Chemnitz	keine	Die ZVS wählt für die Hochschule nach Abiturnote aus.

* Bei der Universität Bochum, die den Studiengang Psychologie als *Bachelor-Studiengang* anbietet, ist eine Bewerbung direkt bei der Hochschule erforderlich.

TU Darmstadt	keine	Die ZVS wählt für die Hochschule nach Abiturnote aus.
U Dresden	keine	Die ZVS wählt für die Hochschule nach Abiturnote aus.
U Düsseldorf	keine	Die ZVS wählt für die Hochschule nach Abiturnote aus.
U Erlangen-Nürnberg	keine	Die Hochschule wählt ihre Studierenden selbst nach der Abiturnote aus.
U Frankfurt/Main	Vorauswahl nach den Kriterien Ortspräferenz 1–3 und jeweils Abiturnote bis zu 2,5	Die Hochschule wählt aus nach den Leistungen (belegt im Abiturzeugnis) in den Schulfächern, die über die fachspezifische Eignung für den Studiengang besonderen Aufschluss geben können.
U Freiburg	keine	Die Hochschule wählt aus nach den Kriterien Abiturnote und Art der Berufsausbildung/-tätigkeit.
U Gießen	keine	Die ZVS wählt für die Hochschule nach Abiturnote aus.
U Göttingen	keine	Die ZVS wählt für die Hochschule nach Abiturnote aus.
U Greifswald	keine	Die ZVS wählt für die Hochschule nach Abiturnote aus.
U Halle-Wittenberg	keine	Die ZVS wählt für die Hochschule nach Abiturnote aus.
U Hamburg	keine	Die ZVS wählt für die Hochschule nach Abiturnote aus.
U Heidelberg	keine	Die Hochschule wählt aus nach den Kriterien Abiturnote und einschlägige Berufsausbildung/-tätigkeit. Gewichtung: 4:1.
U Jena	Die ZVS wählt zunächst aus nach der Ortspräferenz, dann entscheidet die Abiturnote über die Zulassung zum eigentlichen Hochschul-Auswahlverfahren.	Die Hochschule wählt aus nach den Kriterien Abiturnote, einschlägige abgeschlossene Berufsausbildung und Motivationsschreiben.

U Kiel	keine	Die ZVS wählt für die Hochschule nach Abiturnote aus.
U Koblenz-Landau, Campus Landau	Vorauswahl nach Ortspräferenz 5	Die ZVS wählt für die Hochschule nach der Abiturnote aus.
U Köln	Vorauswahl nach Abiturnote und Ortspräferenz 1–3	Die ZVS wählt für die Hochschule nach der Abiturnote aus.
U Konstanz	keine	Die Hochschule wählt aus nach den Kriterien Abiturnote und Berufsausbildung/-tätigkeit.
U Leipzig	keine	Die ZVS wählt für die Hochschule nach Abiturnote aus.
U Magdeburg	keine	Die ZVS wählt für die Hochschule nach Abiturnote aus.
U Mainz	keine	Die ZVS wählt für die Hochschule nach Abiturnote aus.
U Mannheim	keine	Die Hochschule wählt aus nach den Kriterien Abiturnote, gewichtete Einzelnoten des Abiturzeugnisses und außerschulische Qualifikationen (etwa Berufsausbildung/-tätigkeit).
U Marburg	keine	Die ZVS wählt für die Hochschule nach Abiturnote aus.
U München	keine	Die ZVS wählt für die Hochschule nach Abiturnote aus.
U Münster	keine	Die ZVS wählt für die Hochschule nach Abiturnote aus.
U Osnabrück	keine	Die ZVS wählt für die Hochschule nach Abiturnote aus.
U Potsdam	keine	Die ZVS wählt für die Hochschule nach Abiturnote aus.
U Regensburg	keine	Die ZVS wählt für die Hochschule nach Abiturnote aus.
U Saarbrücken	keine	Die ZVS wählt für die Hochschule nach Abiturnote aus.

U Trier	keine	Die ZVS wählt für die Hochschule nach Abiturnote aus.
U Tübingen	keine	Die Hochschule wählt aus nach den Kriterien Abiturnote und der Punktzahl in den Halbjahrskursen Biologie, Deutsch, Englisch und Mathematik. Zusätzlich werden außerschulische Leistungen in Landes- und Bundeswettbewerben berücksichtigt.
U Wuppertal	keine	Die ZVS wählt für die Hochschule nach Abiturnote aus.
U Würzburg	keine	Die ZVS wählt für die Hochschule nach Abiturnote aus.

Tiermedizin (Abschluss Staatsexamen)

Hochschule	Vorauswahl der ZVS	Auswahlverfahren der Hochschule
FU Berlin	Vorauswahl nach den Kriterien Ortspräferenz 1 und 2 sowie Abiturnote 2,5	Die Hochschule wählt aus nach der Abiturnote und dem Ergebnis eines Eignungstests.
U Gießen	keine	Die ZVS wählt für die Hochschule nach Abiturnote aus.
Tierärztliche HS Hannover	keine	Die ZVS wählt für die Hochschule nach Abiturnote aus.
U Leipzig	Vorauswahl nach den Kriterien Abiturnote und 1. Ortspräferenz	Die Hochschule wählt aus nach den Kriterien Abiturnote und Auswahlgespräch.
U München	keine	Die ZVS wählt für die Hochschule nach Abiturnote aus.

Zahnmedizin (Abschluss Staatsexamen)

Hochschule	Vorauswahl der ZVS	Auswahlverfahren der Hochschule
RWTH Aachen	keine	Die ZVS wählt für die Hochschule nach Abiturnote aus.
Charité-Universitätsmedizin Berlin	Vorauswahl nach dem Kriterium Ortspräferenz 1	Die Hochschule wählt für 75 % ihrer Studienplätze nach der Abiturnote, der Belegung der Fächer Mathematik, Physik, Biologie und Chemie (Bonus für Belegung eines dieser Fächer als Leistungskurs) und guten Noten in den Fächern Deutsch und Englisch aus. 25 % der Studienplätze werden nach dem Ergebnis eines Auswahlgespräches vergeben.
U Bonn	keine	Die ZVS wählt für die Hochschule nach Abiturnote aus.
TU Dresden	Vorauswahl durch die ZVS mit den Kriterien Ortspräferenz 1–2, jeweils bis zur Abiturnote 2,4	Die Hochschule wählt u. a. nach einem Auswahlgespräch und der Einreichung weiterer schriftlicher Unterlagen aus.
U Düsseldorf	keine	Die ZVS wählt für die Hochschule nach Abiturnote aus.
U Erlangen-Nürnberg	keine	Die Hochschule führt das Auswahlverfahren nach dem Kriterium Abiturnote selbst durch.
U Frankfurt/Main	keine	Die ZVS wählt für die Hochschule nach Abiturnote aus.
U Freiburg	keine	Die Hochschule führt das Auswahlverfahren nach den Kriterien Abiturnote und Berufsausbildung/-tätigkeit durch.
U Gießen	keine	Die ZVS wählt für die Hochschule nach Abiturnote aus.

U Göttingen	keine	Die ZVS wählt für die Hochschule nach Abiturnote aus.
U Greifswald	Vorauswahl durch die ZVS nach Ortspräferenz 1–3	Die Hochschule wählt für 75 % ihrer Studienplätze nach Abiturnote, Schulleistungen in der Oberstufe und berufspraktischen Erfahrungen aus. 25 % der Studienplätze werden nach dem Ergebnis eines Auswahlgesprächs vergeben.
U Halle-Wittenberg	keine	Die ZVS wählt für die Hochschule nach Abiturnote aus.
U Hamburg	keine	Die ZVS wählt für die Hochschule nach Abiturnote aus.
Medizinische HS Hannover	keine	Die ZVS wählt für die Hochschule nach Abiturnote aus.
U Heidelberg	keine	Die Hochschule wählt nach den Kriterien Abiturnote und einschlägige Berufsausbildung/-tätigkeit aus. Gewichtung: 4:1.
U Jena	Die ZVS wählt zunächst aus nach der Ortspräferenz, dann entscheidet die Abiturnote über die Zulassung zum eigentlichen Hochschul-Auswahlverfahren.	Die Hochschule wählt aus nach den Kriterien Abiturnote, einschlägige abgeschlossene Berufsausbildung und Motivationsschreiben.
U Kiel	keine	Die ZVS wählt für die Hochschule nach Abiturnote aus.
U Köln	Vorauswahl nach den Kriterien Abiturnote und Ortspräferenz 1–3	Die ZVS wählt für die Hochschule nach Abiturnote aus.
U Leipzig	Vorauswahl nach den Kriterien Abiturnote und Grad der Ortspräferenz	Die Hochschule wählt aus nach der Abiturnote und dem Ergebnis eines Auswahlgesprächs.
U Mainz	Vorauswahl mit dem Kriterium Ortspräferenz 1–3	Die Hochschule wählt einen Teil der Studierenden nur nach der Abiturnote und einen Teil nur nach einem Auswahlgespräch aus.

U Marburg	keine	Die ZVS wählt für die Hochschule nach Abiturnote aus.
U München	keine	Die ZVS wählt für die Hochschule nach Abiturnote aus.
U Münster	keine	Die ZVS wählt für die Hochschule nach Abiturnote aus.
U Regensburg	keine	Die ZVS wählt für die Hochschule nach Abiturnote aus.
U Regensburg	keine	Die ZVS wählt für die Hochschule nach Abiturnote aus.
U Rostock	Vorauswahl nach der Abiturnote bis 2,7 und Ortspräferenz 1–3	Die Hochschule wählt aus nach den Kriterien Abiturnote (Gewichtung 60%) und Noten der Abiturprüfungsfächer Mathematik, Physik, Biologie, Chemie und Deutsch (Gewichtung 40%).
U Saarbrücken in Homburg	keine	Die ZVS wählt für die Hochschule nach Abiturnote aus.
U Tübingen	keine	Die Hochschule wählt aus nach der Abiturnote und einer qualifizierenden Berufsausbildung.
U Ulm	keine	Die Hochschule wählt aus nach der Abiturnote und einer Berufsausbildung.
U Würzburg	keine	Die ZVS wählt für die Hochschule nach Abiturnote aus.

Auf die einzelnen Auswahlkriterien kommen wir noch ausführlich zu sprechen ab S. 40 ff.

Wie erfahre ich, wo welches Auswahl-
verfahren angewandt wird?

Die Hochschulzulassung in Deutschland befindet sich im Moment im Übergang von dem vorherigen (entweder Bewerbung bei der ZVS oder freie Einschreibung) zu einem System, in dem in absehbarer Zeit fast alle Studienplätze nach einem Auswahlverfahren vergeben werden. Deshalb gibt es weder ein Buch / eine Broschüre noch eine zentrale Internetadresse, wo man aktuell in Erfahrung bringen könnte, welcher Weg zum jeweiligen Studienplatz führt. Hier ist eine gründliche und vor allem aktuelle Recherche notwendig.

Tipp ! Wenn Sie bereits genau wissen, was Sie an welcher Hochschule studieren wollen, erkundigen Sie sich zuerst nach den Aufnahme-voraussetzungen. Die Recherche geht erst einmal über das Internet. Auf der Homepage der jeweiligen Hochschule (die Domains finden Sie komplett unter www.hochschulkompass.de, in unserem Studienführer *Studieren, aber wo?* oder googeln Sie den Namen der Wunschhochschule) suchen Sie in Rubriken wie »Bewerbung« und »Zulassung«, klicken auf »Informationen für Studieninteres-sierte« oder auf »Studienangebot«, wo der jeweilige Studiengang mit den zentralen Informationen dargestellt wird. Besonders wich-tig ist, eine »Satzung der Auswahlverfahren« zu finden, wo für jeden Studiengang detailliert das Auswahlverfahren beschrieben wird.

Auf diese Weise können Sie in Erfahrung bringen, ob – im günstigsten Fall – der gewünschte Studiengang zulassungsfrei ist und Sie an der Hochschule »nur« einen Antrag auf Einschreibung stellen müssen. Haben Sie diesen ausgefüllt und mit einigen schriftlichen Unterlagen (Kopie des Abiturzeugnisses, Krankenversicherungsnachweis u. a.) ein-gereicht, steht der Einschreibung an der Hochschule und dem Studien-beginn nichts mehr im Wege. Während man bei der Mehrzahl der Hochschulen für die Einschreibung persönlich erscheinen muss, bieten einige auch schon eine Einschreibung per Post oder online an.

Haben Sie herausgefunden, dass für den von Ihnen gewünschten Studi-engang ein Auswahlverfahren durchgeführt wird, lesen Sie die Informa-tionen und die Satzung des Auswahlverfahrens sehr gründlich durch und überlegen Sie, wie Sie sich auf die einzelnen Prüfungsformen am besten vorbereiten können. Die Informationen, die Sie in diesem Buch erhalten, werden Ihnen dabei eine sehr wichtige Hilfe sein.

Verlassen Sie sich bitte nicht allein auf Auskünfte aus dem Internet. Die dort bereitgestellten Daten, vor allem Termine für die Abgabe oder einen Test, könnten veraltet sein. Prüfen Sie, ob die Angaben aus dem Internet auch in den schriftlichen Unterlagen der Hochschule enthalten sind; fordern Sie aktuelle Unterlagen zum gewünschten Studiengang bei der jeweiligen Hochschule an.

Wir empfehlen grundsätzlich ein Vorgehen in mehreren Etappen, vor allem, wenn Sie sich Ihrer Sache noch nicht so ganz sicher sind. Im ersten Schritt ermitteln Sie Ihr Wunschstudium nach den Kriterien, wofür Sie besonders begabt und geeignet sind. Danach finden Sie heraus, an welchen Hochschulen Sie dieses Fach studieren können, und machen sich eine Liste von fünf Wunschhochschulen. Diese schreiben Sie an, erfragen die Zulassungsbedingungen und starten rechtzeitig mit der Bewerbung unter genauer Einhaltung der Bewerbungstermine.

Berufsausbildung und Praktika als Auswahlkriterien

Mit der Ausweitung der Hochschul-Auswahlverfahren zum Wintersemester 2005/2006 hat eine vorherige Berufsausbildung bzw. -tätigkeit an Bedeutung gewonnen. Wer zusätzlich zu den anderen Qualifikationen Berufspraxis nachweist, kann damit in vielen Auswahlverfahren entscheidende Pluspunkte sammeln. In die Wertung kommt so genannte »einschlägige« Berufspraxis, d. h. eine Berufsausbildung, eine Berufstätigkeit oder ein längeres Praktikum, die eine besondere Eignung für das gewählte Studienfach bescheinigen. Wie dieses Auswahlkriterium »Berufspraktische Kenntnisse« im Einzelnen gewertet werden kann, erfahren Sie ab S. 48 ff.

Tipp ! Wer in Erfahrung bringen möchte, ob und welche Berufe eine bestimmte Hochschule im Auswahlverfahren berücksichtigt, der informiere sich auf der Website der Universität unter den Rubriken »Bewerbung« oder »Zulassung« und recherchiere hier vor allem in den *Satzungen der Auswahlverfahren,* die die Hochschulen für die verschiedenen Studiengänge erlassen haben und die detailliert das jeweilige Auswahlverfahren erläutern. Sind die Auswahlsatzungen nicht auf der Homepage der Universität zu finden, fragen Sie in der Zentralen Studienberatung oder dem Studentensekretariat der betreffenden Hochschule nach, ob eine Auswahlsatzung oder andere schriftliche Materialien hierzu vorhanden sind und auf dem Postweg zugesandt werden können.

Berufspraktische Kenntnisse bei ZVS-Studienfächern

In den über die ZVS vergebenen Fächern Biologie, Medizin, Pharmazie, Psychologie und Zahnmedizin (nicht Tiermedizin) hat es innerhalb eines Jahres größere Veränderungen bei der Einbeziehung der Berufsausbildung/-tätigkeit in die Auswahlverfahren gegeben. Wurde etwa für den Diplomstudiengang Biologie zum Wintersemester 2004/2005 an nur einer Hochschule (Universität Tübingen) eine Berufsausbildung bzw. -tätigkeit im Auswahlverfahren mit herangezogen, waren es zum Wintersemester 2005/2006 schon vier Universitäten (Universität Freiburg, Universität Hohenheim/Stuttgart, Universität Rostock, Universität Ulm).

Im Folgenden finden Sie zwei Beispiele, welche Berufsausbildungen/ -tätigkeiten für die Vergabe von Biologie-Studienplätzen eine Rolle spielen können.

Diplom-Studiengang Biologie
Beispiel Universität Hohenheim

• Fischwirt/-in • Forstwirt/-in • Gärtner/-in • Krankenschwester/-pfleger • Laborant/-in	• Landwirt/-in • Sozialarbeiter/-in • Technische/r Assistent/-in • Tierpfleger/-in

Beispiel Universität Ulm

• Biologielaborant/-in • Biologisch-technische/-r Assistent/-in • Biotechniker/-in • Chemisch-technische/-r Assistent/-in • Chemietechniker/-in • Landwirtschaftlich-technische/-r Assistent/-in	• Medizinisch-technische/-r Assistent/-in • Pharmazeutisch-technische/-r Assistent/-in • Physiktechniker/-in • Umwelttechnische/-r Assistent/-in • Umweltschutztechnische/-r Assistent/-in • Umweltschutztechniker/-in

Auch in den Auswahlverfahren für den Staatsexamensstudiengang Medizin gewann eine vorherige Berufsausbildung an Bedeutung. War es im Wintersemester 2004/2005 nur die Universität Gießen, die eine Berufsausbildung zur Auswahl mit heranzog, sind es ein Jahr später ebenfalls schon mehrere, u. a. die Universitäten Freiburg, Heidelberg, Leipzig und Ulm.

Humanmedizin
Beispiel Universität Leipzig

• Arzthelfer/-in
• Ergotherapeut/-in
• Gesundheits- und Kranken-
  pfleger (auch Kranken-
  pfleger/-schwester)
• Gesundheits- und Kinder-
  krankenpfleger/-in
• Hebamme/Entbindungs-
  pfleger
• HNO-Audiologieassistent/-in
• Logopäde/Logopädin
• Medizinisch-technische/-r
  Assistent/-in für Funktions-
  diagnostik
	• Medizinisch-technische/-r
	  Laboratoriumsassistent/-in
	• Medizinisch-technische/-r
	  Radiologieassistent/-in
	• Medizinische/-r
	  Fachangestellte/-r
	• Operationstechnische/-r
	  Angestellte/-r
	• Operationstechnische/-r
	  Assistent/-in
	• Motopäde/Motopädin
	• Orthoptist/-in
	• Physiotherapeut/-in
	• Rettungsassistent/-in

Beispiel Universität Ulm

• Altenpfleger/-in
• Ambulante/r Pfleger/-in
• Arzthelfer/-in
• Diätassistent/-in
• Ergotherapeut/-in
• Gesundheits- und Kinder-
  krankenpfleger/-in
• Hebamme/Entbindungs-
  pfleger
• Heilerziehungspfleger/in
• HNO-Audiologie-
  assistent/-in
• Krankengymnast/-in
• Krankenschwester/-pfleger
• Laborassistent/-in – Pharma-
  labor
• Logopäde/Logopädin
• Masseur/-in
• Medizinlaborant/-in
	• Medizinische/-r Dokumen-
	  tationsassistent/-in
	• Medizinisch-technische/-r
	  Radiologieassistent/-in
	• Medizinisch-technische/-r
	  Assistent/-in
	• Medizinisch-technische/-r
	  Assistent/-in – Funktions-
	  diagnostik
	• Medizinisch-technische/-r
	  Assistent/-in – Nuklearmedizin
	• Motopäde/Motopädin
	• Operationstechnische/-r
	  Angestellte/-r
	• Operationstechnische/-r
	  Assistent/-in
	• Orthoptist/-in
	• Pharmazeutisch-technische/-r
	  Assistent/-in

• Physiotherapeut/-in
• Psycholgisch-technische/-r
  Assistent/-in
• Rettungsassistent/-in
	• Sport- und Gymnastiklehrer/-in
	  (staatlich geprüft)
	• Zytologieassistent/-in
	• Medizinische/-r Dokumentar/-in

Zahnmedizin

Derzeit berücksichtigen die Universitäten Freiburg, Heidelberg und Ulm eine Berufsausbildung im Auswahlverfahren.

Folgende Berufe werden in das Auswahlverfahren einbezogen:

Beispiel Universität Ulm

• Dentalhygieniker/-in
• Zahnarzthelfer/-in bzw.
  Zahnmedizinische/-r
  Fachangestellte/-r
	• Zahntechniker/-in

Pharmazie
Beispiel Universität Freiburg

• Biologielaborant/-in
• Biologisch-technische/-r
  Assistent/-in
• Biotechnologische/-r
  Assistent/-in
• Chemielaborant/-in
• Chemikant/-in
• Chemisch-technische/-r
  Assistent/-in
• Chemotechniker/-in
• Diätassistent/-in
• Gesundheits- und
  Krankenpfleger/-in
	• Landwirtschaftlich-
	  technische/-r Assistent/-in
	• Medizinisch-technische/-r
	  Laboratoriumsassistent/-in
	• Medizinisch-technische/-r
	  Röntgenassistent/-in
	• Physikalisch-technische/-r
	  Assistent/-in
	• Physiklaborant/-in
	• Techniker/in Biotechnik
	• Umwelt(schutz)technische/-r
	  Assistent/-in
	• Veterinärmedizinisch-
	  technische/-r Assistent/-in

Auch die Universität des Saarlandes in Saarbrücken und die Universität Heidelberg haben zum Wintersemester 2005/2006 den Nachweis von einschlägigen Berufsausbildungen in ihren Auswahlverfahren für die Pharmaziestudienplätze berücksichtigt.

Psychologie

Hier vergeben die Universitäten Freiburg, Heidelberg und Konstanz Studienplätze unter Einbeziehung von vorheriger Berufstätigkeit, wobei das Spektrum sowohl klassische Gesundheitsberufe als auch wirtschaftsbezogene Berufe (für eine Ausrichtung auf Arbeits-, Betriebs- und Organisationspsychologie) umfasst.

Mögliche Berufsausbildungen sind:

Beispiel Universität Freiburg

- Altenpfleger/-in
- Arbeitstherapeut/-in
- Arzthelfer/-in
- Assistent/-in im Gesundheits- und Sozialwesen
- Atem-, Sprech- und Stimmlehrer/-in
- Bankkaufmann/-frau
- Betriebswirt/-in
- Biologisch-technische/-r Assistent/-in
- Biotechnische/-r Assistent/-in
- Diätassistent/-in
- Ergotherapeut/-in
- Erzieher/-inRettungsassistent/-in
- Gesundheits- und Kinderkrankenpfleger/-in
- Gesundheits- und Krankenpfleger/-in
- Heilerziehungspfleger/-in
- Heilpraktiker/-in
- Informatiker/-in
- Kinderkrankenschwester/-pfleger
- Kinderpfleger/-in
- Krankenschwester/-pfleger
- Logopäde/Logopädin
- Mathematisch-technische/-r Assistent/-in
- Medizinische/-r Dokumentar/-in
- Pharmazeutisch-technische/-r Assistent/-in
- Physiotherapeut/-in
- Psychiatriepfleger/-schwester
- Umweltschutztechnische/-r Assistent/-in
- Werbeassistent/-in
- Werbekaufmann/-frau

Wenn absehbar ist, dass ein Studienplatz in den über die ZVS ver- **Fazit**
gebenen Fächern Biologie, Medzin, Pharmazie und Psychologie
nicht über eine hervorragende Abiturnote zu erreichen ist, sollten
Interessenten für diese Fächer sch eine Ausbildung im jeweiligen
Berufsbereich überlegen, um

a) für das Auswahlverfahren der Hochschulen ihre Chancen zu verbessern und
b) um ihre Chancen zu erhöhen, über die Wartezeit (ZVS vergibt
20 % der Studienplätze an diejenigen mit der längsten Wartezeit,
s. o.) einen Studienplatz zu erhalten. Als Wartezeit gilt für die
ZVS nur die Zeit nach dem Abitur, *in der kein anderes Studium
begonnen wurde.*

Berufspraktische Kenntnisse bei anderen Studienfächern

Auch außerhalb der über die ZVS vergebenen Fächer spielen eine
Berufsausbildung und außerschulische Qualifikationen in den Auswahlverfahren eine wichtige Rolle. Dabei sind die Berufsausbildungen
und außerschulischen Qualifikationen so breit wie das Fächerspektrum.

Studiengang Kommunikationswissenschaft
Hier werden folgende Berufsausbildungen im Auswahlverfahren berücksichtigt:

Beispiel Universität Hohenheim

• Assistent/-in an Bibliotheken	• Dolmetscher/.in
• Assistent/-in für Medien-informatik	• Drucker/.in
• Assistent/-in für Medien-technik	• Fachangestellte/r für Medien- und Informationsdienste
• Bibliothekar/-in	• Fachinformatiker/.in
• Buchbinder/-in	• Film- und Videoeditor/.in
• Buchhändler/-in	• Film- und Videolaborant/.in
• Bühnenmaler/-in	• Fotograf/.in
• Bühnenplastiker/-in	• Fotogravurzeichner/.in
• Datenverarbeitungskauf-mann/-frau	• Fotolaborant/.in
	• Foto- und medientechnischer/-r Assistent/-in

• Gestaltungstechnische/-r Assistent/-in	• Lichtdruckretuscheur/-in
• Informatiker/-in	• Medienassistent/-in, Kaufmännische/-r Medien-assistent/-in
• Informatiker/in für Multimedia	• Medienberater/-in
• Informatikkaufmann/-frau	• Mediendesigner/-in
• Informations- und Tele-kommunikations-Elek-troniker-/in	• Mediengestalter/-in
	• Medieninformatiker/-in
• Informations- und Tele-kommunikations-Kauf-mann/-frau	• Medienkünstler/-in
	• Medienoperator/-in
	• Medientechniker/-in
• Informations- und Tele-kommunikationssystem-Kaufmann/-frau	• Publizist/-in
	• Produktgestalter/-in
	• Schauwerbegestalter/-in
• Internationale/-r Management-Assistent/-in	• Schilder- und Lichtreklame-hersteller/-in
• Kaufmann/-frau für audiovisuelle Medien	• Schriftsetzer/-in
	• Tontechniker/-in
• Kommunikationsdesigner/-in	• Veranstaltungskaufmann/-frau
• Kommunikations-elektriker/-in	• Verlagskaufmann/-frau
	• Verlagsfachwirt/-in
• Künstler und zugeordnete Berufe	• Werbekaufmann/-frau

Studiengang Anglistik (Abschluss Baccalaureus Artium)
An der Universität Tübingen wird den Bewerbern geraten, ihrer Bewerbung Belege, sofern vorhanden, beizufügen über

- ein Berufspraktikum im englischsprachigen Ausland bzw. in einem Arbeitsbereich einer Organisation/Firma mit der Geschäftssprache Englisch;
- eine Ausbildung in einem fremdsprachlich orientierten Arbeitsbereich (etwa Eurosekretär/-in, Fremdsprachenkorrespondent/-in) oder einen Beruf mit vorwiegend englischsprachigen Geschäftsabläufen;
- außerschulische Aufenthalte von mehr als drei Monaten Dauer in einem englischsprachigen Land mit Angabe der Tätigkeit; ebenso außerschulische Leistungen wie Internships und weitere Tätigkeiten bei Organisationen im englischsprachigen Ausland, Au-pair-Tätigkeiten im englischsprachigen Ausland, Mitwirkung bei

Programmen des Jugendaustauschs / der Jugendbildung im englischsprachigen Ausland (z.B. Camp America) und der Erwerb des Cambridge Certificat of Proficiency in English und des TOEFL.

B.A.- und Lehramtsstudiengang Geschichte

In Mannheim zählt Praxiserfahrung im Auswahlverfahren, wie z.B. freie Mitarbeit bei einer Zeitung, Lehrtätigkeit in einer Nachhilfeschule, Tätigkeit in kulturellen Einrichtungen (Museen, Archive, Bibliotheken), ehrenamtliches Engagement, z.B. Leitung einer Jugendgruppe, SMV-Arbeit, ein Auslandsaufenthalt oder Auszeichnungen und Preise, etwa bei der Teilnahme am Geschichtswettbewerb des Bundespräsidenten. Auch einschlägige berufspraktische Tätigkeiten wie Kaufmann/ -frau für Bürokommunikation, Fremdsprachenassistent/-in u. Ä. werden berücksichtigt.

Sonstiges außerschulisches Engagement

Neben einer Berufsausbildung werden in die Auswahlverfahren auch außerschulische Aktivitäten mit einbezogen, die die Motivation für ein entsprechendes Studium untermauern. Im Fach Biologie etwa bittet die Universität Rostock, der Bewerbung Unterlagen beizufügen, die folgende Aktivitäten und Kenntnisse belegen: die Teilnahme an »Jugend forscht«-Wettbewerben oder an fachbezogenen Arbeitsgemeinschaften neben der Schule, ein freiwilliges ökologisches Jahr, Praktika, Auslandsaufenthalte und besondere Sprachkenntnisse, wozu etwa Sprachkurse im Ausland oder Aufenthalte als Austauschschüler zählen, und weitere Qualifikationen wie Computerkenntnisse und technische Fähigkeiten.

Auch in den anderen Fächern gilt es, mit außerschulischen Aktivitäten zu punkten. In den ZVS-Fächern Medizin und Psychologie können das z. B. sein: ein freiwilliges soziales Jahr in einer Einrichtung des Gesundheitswesens, ein Krankenhaus-Praktikum, ehrenamtliches Engagement beim Deutschen Roten Kreuz, der DLRG oder einer vergleichbaren Organisation, ein Sanitäterkurs bei der Bundeswehr, ein Austauschschuljahr im englischsprachigen Ausland oder ein Sprachkurs in den Ferien. Wenn Sprachkenntnisse angeführt werden, dann sollten es vor allem die der englischen Sprache sein, weil dies die Fachsprache in den medizinischen Fächern und der Psychologie ist.

Fazit Schon bis zwei Jahre vor dem Abitur können die Weichen für eine
verbesserte Studienplatzbewerbung durch außerschulische Aktivitäten gestellt werden, indem man
- sich neben der Schule oder in den Schulferien um einschlägige
  Praktika bemüht,
- sich an bundesweiten Schülerwettbewerben, etwa »Jugend
  forscht«, beteiligt,
- sich ehrenamtlich engagiert,
- die Englischkenntnisse vertieft,
- sich um ein freiwilliges soziales (oder anderes) Jahr direkt nach
  dem Abitur kümmert,
- sich einen Zivildienstplatz sucht, der Qualifikationen für ein
  o. g. Studienfach bietet,
- beim Kreiswehrersatzamt der Bundeswehr sein Interesse für
  eine Verwendung im Sanitätsdienst anmeldet.

Wichtig: Sich alle Aktivitäten schriftlich bescheinigen lassen.

Gewichtung der Berufspraxis in den Auswahlverfahren

Wie werden nun die außerschulischen Aktivitäten im Verhältnis zu den
anderen Auswahlkriterien gewichtet? Die Hochschulen legen auf der
Basis des geltenden Landesrechts intern fest, welche Kriterien sie in den
Auswahlverfahren berücksichtigen wollen. Entsprechend werden
Ranglisten erstellt, innerhalb derer die Berufspraxis bzw. die außerschulischen Aktivitäten mittels eines Punktesystems im Verhältnis zu anderen Auswahlkriterien gewertet werden. Dies wollen wir Ihnen in den
folgenden Ausführungen an Beispielen verdeutlichen.

Auswahlverfahren für den Diplom-Studiengang Agrarbiologie
Beispiel Universität Hohenheim*
Die Universität Hohenheim vergibt im Diplom-Studiengang Agrarbiologie 90 Prozent der Studienplätze an Bewerber/-innen nach dem
Ergebnis eines hochschuleigenen Auswahlverfahrens. Die Entscheidung erfolgt nach dem Grad der Eignung der Bewerber/-innen für den

---

* (Quelle: Satzung der Universität Hohenheim für die Zulassung zu dem
    Diplom-Studiengang Agrarbiologie nach dem hochschuleigenen Auswahlverfahren vom 8. Juli 2005)

gewählten Studiengang. Die Note der Hochschulzugangsberechtigung (Abitur) hat dabei eine zentrale Bedeutung.

Der Antrag erfolgt auf einem von der Universität vorgegebenen Formular. Dem Antrag sind in beglaubigter Kopie beizufügen:

- das Zeugnis der Allgemeinen Hochschulreife bzw. einer einschlägigen fachgebundenen Fachhochschulreife oder eine anerkannte ausländische Hochschulzugangsberechtigung und
- Nachweise über eine möglicherweise vorhandene Berufsausbildung oder praktische Tätigkeiten, die für die Eignung für den Studiengang relevant sind.

Die Auswahl nimmt eine Kommission vor, die aus drei dem wissenschaftlichen Personal angehörenden Personen des Faches besteht. Eine/-r der drei muss der Professorenschaft angehören.

Auswahlkriterien sind die Durchschnittsnote der Hochschulzugangsberechtigung, eine einschlägige abgeschlossene Berufsausbildung und Praktika oder sonstige Tätigkeiten, die von Relevanz für den Studiengang sind.

Die Auswahlkommission bedient sich nun folgenden Punktesystems: Die Gesamtpunktzahl der Hochschulzugangsberechtigung wird ermittelt. Einer Durchschnittsnote entspricht dabei stets eine bestimmte Punktzahl, z. B. 768–840 Punkte = 1,0 oder 600–616 Punkte = 2,0 usw. Zusätzlich wird eine abgeschlossene Berufsausbildung in einem einschlägigen Beruf mit 250 Punkten bewertet. Ein mehr als sechsmonatiges Praktikum oder sonstige für den Studiengang relevante geleistete Tätigkeiten werden mit 200 Punkten berechnet. Ein drei- bis sechsmonatiges Praktikum oder sonstige Tätigkeiten bekommen analog 150 Punkte. Maximal dürfen 250 Punkte für eine Berufsausbildung oder studienrelevante Praktika vergeben werden. Die beiden Punktzahlen – für die Hochschulzugangsberechtigung und für eine Berufsausbildung/ -tätigkeit bzw. Praktika – werden addiert und ergeben die Gesamtpunktzahl.

Auf dieser Basis wird unter allen einbezogenen Bewerbungen eine Rangliste erstellt. Entsprechend der Zahl der Studienplätze wird die Rangliste von oben nach unten abgearbeitet.

Auswahlverfahren in geisteswissenschaftlichen Fächern
Beispiel Universität Mannheim*

Die Universität Mannheim vergibt in den Studiengängen Politikwissenschaft und Soziologie sowie im Lehramt von Gymnasien für die Fächer Erziehungswissenschaft und Politikwissenschaft jeweils 90 Prozent der Studienplätze an Studienbewerber/-innen nach dem Ergebnis eines hochschuleigenen Auswahlverfahrens.

Die Auswahlentscheidung wird nach dem Grad der Eignung und nach der Motivation der Bewerber für den gewählten Studiengang getroffen.

Dem Antrag sind beizufügen:

- die Hochschulzugangsberechtigung
- Nachweise über eine ggf. vorhandene Berufsausbildung
- Nachweise über praktische Tätigkeiten, außerschulische Leistungen oder andere studienrelevante Aktivitäten

Die Auswahl der Bewerber erfolgt durch eine Auswahlkommission, der mindestens zwei Personen angehören, von denen eine aus der Gruppe der Professoren kommt. Die Auswahlkommission kann weitere Personen hinzuziehen.

Die Auswahl wird aufgrund einer zu bildenden Rangliste vorgenommen, für die folgende Kriterien gelten:

- die Durchschnittsnote der Hochschulzugangsberechtigung
- die Abschlussnoten in den Fächern Mathematik und Englisch
- andere studienrelevante Leistungen wie vorherige Berufsausbildung, berufspraktische Tätigkeiten, außerschulische Leistungen

Die Auswahl erfolgt nach einer Punktzahl, die sich aus folgenden schulischen und außerschulischen Leistungen zusammensetzt:

- Die Summe der im Abiturzeugnis erreichten Punkte wird durch 56 bzw. 60 (bei älteren Abiturzeugnissen) geteilt, wobei maximal 15 Punkte zu erzielen sind.

* (Quelle: Satzung der Universität Mannheim für das hochschuleigene Auswahlverfahren im Studiengang Bachelor of Arts in den Fächern Politikwissenschaft und Soziologie sowie im Studiengang Lehramt am Gymnasium für die Fächer Erziehungswissenschaft und Politikwissenschaft vom 15. April 2005)

– Die letzten in der Oberstufe nachgewiesenen Punkte in den
  Fächern Mathematik und Englisch werden durch 3 geteilt (maximal 5 Punkte pro Fach) und anschließend addiert (auf maximal
  10 Punkte). Basis ist üblicherweise das Abiturzeugnis. Falls keine
  Abiturprüfung in dem betreffenden Fach schriftlich oder mündlich
  abgelegt wurde, wird die letzte Halbjahresnote in dem Fach zu-
  grunde gelegt. Wurde das Fach in der Oberstufe nicht belegt, so
  gibt es leider hierfür nur 0 Punkte.

Für einschlägige außerschulische Leistungen oder Auslandspraktika
können bis zu 5 Punkte vergeben werden, sofern eine Tätigkeit von
mindestens vier Wochen (28 Tage) ausgeübt wurde.

Einschlägige Bereiche wären etwa für das Fach Soziologie erste
Erfahrungen in der Markt- und Meinungsforschung, in einer Personalabteilung oder in einer Einrichtung des Bundes wie etwa der Bundesagentur für Arbeit.

Für das Fach Politikwissenschaft kämen in Frage: eine Berufsausbildung oder verschiedene Praktika in der öffentlichen Verwaltung auf
Bundes-, Landes- oder kommunaler Ebene, Öffentlichkeitsarbeit bei
Parteien, journalistische Tätigkeit in den Medien, Mitarbeit in Interes-
senorganisationen (z. B. Gewerkschaften, Arbeitgeberverbände) oder
die Mitwirkung in sozialen oder kirchlichen Organisationen.

Für das Fach Erziehungswissenschaft: Tätigkeiten in der Jugend-
oder Erwachsenenbildung oder Mitarbeit in Jugendorganisationen.

Die Punktzahlen werden addiert, wobei die aus dem Abiturzeugnis
erreichten Punkte vierfach und alle anderen Punktzahlen einfach gewichtet werden. Maximal sind 75 Punkte zu erreichen. Auf der Grundlage der ermittelten Gesamtpunktzahl wird eine Rangliste erstellt. Entsprechend der Zahl der zur Verfügung stehenden Studienplätze wird
diese Rangliste von oben nach unten abgearbeitet. Das heißt, wenn etwa
45 Studienplätze in einem Fach zur Verfügung stehen, werden die 45
Bewerber ausgewählt, die die höchsten Punktzahlen erreicht haben.

Studienplatzvergabe mit schriftlicher Bewerbung

Die schriftliche Bewerbung für einen Studienplatz ist innerhalb der Hochschul-Auswahlverfahren eine der gängigsten Formen der Auswahl. Anhand einer schriftlichen Bewerbung wird entschieden, ob Sie zum Studium des Faches zugelassen werden oder nicht. Sie haben also im Gegensatz zu anderen Auswahlverfahren keine Möglichkeit, Ihr Anliegen mündlich vorzutragen oder in Form eines schriftlichen Studierfähigkeitstests unter Beweis zu stellen, dass Sie für das Studium dieses Faches optimal geeignet sind. Es entscheidet lediglich die »Papierform«. Deshalb sollten Sie bei der Anfertigung der Unterlagen größte Sorgfalt walten lassen.

Die schriftliche Bewerbung für den Studienplatz enthält, sofern die Hochschule keine anderen Vorgaben gemacht hat:

- ein **Anschreiben**,
  worin Sie Ihr Interesse an dem Studienplatz bekunden
- eventuell ein **Motivationsschreiben**,
  in dem Sie Ihre Studienmotivation und Ihre Motivation für das jeweilige Studienfach zu Papier bringen können, sowie
- die **Hochschulzugangsberechtigung** in beglaubigter Kopie (Abiturzeugnis, Zeugnis Fachhochschulreife oder der fachgebundenen Hochschulreife)
- einen **Lebenslauf**

Das optimal gestaltete Anschreiben

Mit dem Anschreiben dokumentieren Sie Ihr elementares Interesse, den Studienplatz zu bekommen. Das Anschreiben dient dazu, neugierig zu machen, mehr über Sie wissen und die dem Anschreiben folgenden Unterlagen gründlich lesen zu wollen. Ein optimal gestaltetes Anschreiben nimmt die erste Hürde zum Erhalt des Studienplatzes. Es darf weder zu lang noch zu kurz sein. Wenn Ihr Anschreiben aus dem einen Satz besteht: »Sehr geehrte Damen und Herren, hiermit bewerbe ich mich für den Studienplatz x an Ihrer Hochschule y«, dann wird man dies zwar als kurz und prägnant zur Kenntnis nehmen, aber kaum Interesse verspüren, den Rest Ihrer Bewerbung intensiv zu lesen. Umgekehrt macht ein mehrseitiges Anschreiben, in dem Sie bereits wesentliche Argumente vorwegnehmen, die eher in ein Motivationsschreiben gehören (mehr dazu ab S. 55 ff.), nicht neugierig, sondern ermüdet eher.

Das Anschreiben besteht aus einem Brief, der Name und Vorname, Straße und Hausnummer, Postleitzahl und Ort, Telefon, E-Mail-Adresse, Datum des Schreibens, Adressat, Betreff, Anrede, einen Text, eine Grußformel und Ihre Unterschrift enthält. Zwischen »Sehr geehrte Damen und Herren« und »Mit freundlichen Grüßen« muss ein Text stehen, der – nicht zu lang, aber auch nicht zu kurz – Ihr Interesse an dem Studienplatz wiedergibt. Dieser Text kann nach folgendem Schema aufgebaut sein, wobei die Punkte 2–4, die Ihre Motivation für das Studium ausdrücken, nur besonders ausgeführt werden sollten, wenn kein zusätzliches Motivationsschreiben den Unterlagen beigefügt wird.

1. Einleitung
2. Angaben zur Person (Alter, Herkunft)
3. Interesse am Studienfach, in Verbindung mit dem Berufswunsch
4. Interesse an der Hochschule
5. Schlusssatz

Ein solches Anschreiben, das um die eine oder andere Information erweitert oder gekürzt werden kann, könnte wie folgt aussehen:

Klara Kandidat
An der Schule 1

PLZ Stadt   Datum
Telefon
E-Mail-Adresse

Bewerbung um einen Studienplatz in x an Ihrer Hochschule

Sehr geehrte Damen und Herren,

mit diesem Schreiben und den beigefügten Unterlagen möchte ich mich gerne zum
nächsten Wintersemester für den Studiengang x an Ihrer Hochschule bewerben.
Gestatten Sie mir, Ihnen einige Informationen zu meiner Person, meiner Motivation
für das Studienfach sowie meinen fachlichen und persönlichen Interessen zu geben.

Ich bin, wie Sie dem beigefügten Lebenslauf entnehmen können, 21 Jahre alt, stamme
aus xy und mache im nächsten Jahr am Albert-Schweitzer-Gymnasium in xyz mein
Abitur.

Während der Schulzeit habe ich bereits sehr früh ein besonderes Interesse am Fach z
erkannt. Durch gute Noten in den Schulfächern a, b und c, aber auch durch ein Praktikum in den Schulferien bei der Fa. Müller und Meier ist bei mir in den vergangenen
Jahren der Wunsch gereift, das Fach x zu studieren. Der Studienfachwunsch deckt sich
auch mit meinen Vorstellungen, später einmal den Beruf eines xx ausüben zu wollen.

Bestärkt worden bin ich in meiner Entscheidung durch verschiedene Gespräche mit
meinen Eltern und Lehrern sowie mit Freunden, die bereits studieren.

Ich habe mir von verschiedenen Hochschulen Informationsmaterialien zusenden lassen
und bin nach deren Lektüre zu dem Entschluss gekommen, an Ihrer Hochschule
studieren zu wollen. Nach den Unterlagen, die ich von Ihrer Studienberatung erhalten
habe, besteht ein sehr günstiges Betreuungsverhältnis zwischen Professoren und
Studierenden, was mir sehr wichtig ist, und eine enge Verzahnung von Theorie und
Praxis. Mich reizt auch an Ihrem Studiengang, dass fachspezifische Fremdsprachen-
kurse in das Studium integriert sind, die mir die Möglichkeit böten, meine vorhandenen
Fremdsprachenkenntnisse zu erweitern und auch international beruflich tätig zu
werden.

Ich würde mich freuen, wenn meine Bewerbung auf Ihre Zustimmung stoßen würde.
Falls Sie noch weitere Auskünfte oder Informationen benötigen, stehe ich Ihnen jederzeit gerne zur Verfügung.

Mit freundlichen Grüßen

Das Motivationsschreiben

Oft wird verlangt, der schriftlichen Bewerbung ein Motivationsschreiben beizufügen, das, beginnen wir mit den Formalien, nicht kürzer als eine, aber auch nicht länger als zweieinhalb Seiten sein sollte. Auf diesen ein bis zweieinhalb Seiten sollten Sie alles unterbringen, was für Ihre Bewerbung spricht, womit Sie sich gegenüber Konkurrenten abheben und was die andere Seite davon überzeugt, dass Sie der passende Bewerber für den Studienplatz sind. Bevor wir Ihnen erläutern, womit Sie Pluspunkte sammeln können, gehen wir zuerst einmal darauf ein, womit Sie sich in jedem Fall Minuspunkte einhandeln würden.

Begründen Sie Ihre Motivation für den Studienplatz niemals mit vermeintlichen oder aktuell guten Berufsmöglichkeiten. Niemand weiß, wie sich in einigen Jahren, wenn Sie Ihr Studium abgeschlossen haben, der Arbeitsmarkt entwickelt hat und was dann gefragt und weniger gefragt ist. Begründen Sie den Wunsch nach dem Hochschulort nicht mit der Nähe zu Ihrem derzeitigen Wohnort und der Möglichkeit, weiterhin zu Hause wohnen bleiben zu können. Dies kann allenfalls als Zusatzargument angeführt werden, darf aber nicht im Mittelpunkt Ihrer Argumentation stehen.

Den Mittelpunkt Ihrer Argumentation muss Ihre Einschätzung bilden, warum Sie für das Studium dieses Faches geeignet sind. Leiten Sie Ihre Studierfähigkeit aus Schulnoten ab, die für dieses Fach wichtig sind, oder argumentieren Sie andersherum, dass Sie einen bestimmten Beruf ergreifen möchten, für den dieses Studienfach Voraussetzung ist. Berichten Sie von Ihren Erfahrungen aus der Schule, wann Sie diesen Entschluss gefasst haben oder schildern Sie ein Schlüsselerlebnis, das für Sie den Ausschlag gab, sich für dieses Studienfach zu bewerben. Schildern Sie sich als hochmotiviert, leistungsorientiert und zukunftsoffen, aber übertreiben Sie die Argumentation an dieser Stelle nicht.

Berichten Sie von Erfahrungen aus Ihrem privaten Umfeld oder aus Ihrem Freundeskreis, durch die Sie Anregungen bekommen haben, sich für dieses Fach zu bewerben. Untermauert werden kann diese Argumentation, indem Sie auf Praktika oder vergleichbare Aktivitäten verweisen, die Ihre Entscheidung maßgeblich beeinflusst haben.

Sollten Sie an einem Landes- oder Bundeswettbewerb dieses Faches teilgenommen haben, vergessen Sie auf keinen Fall, dies an dieser Stelle ausführlich zu schildern.

Wenn Sie Ihr Motivationsschreiben verfassen, stellen Sie sich den idealen Bewerber für den Studienplatz vor und versuchen Sie, so nah wie möglich an diesen heranzukommen. Der ideale Bewerber hat eine gute Abiturnote, sehr gute Noten in allen Fächern, die für das Studienfach wichtig sind, ist hochmotiviert, kann sich nicht vorstellen, etwas anderes zu studieren, hat bereits bestimmte Berufe im Blick, für die das Studium Voraussetzung ist, und hat sich vor der Bewerbung ausführlich über den Hochschulort und dessen Vorzüge informiert.

Wenn Sie Ihre Argumentation noch mit Vorstellungen anreichern können, wie Sie sich das Studium und den späteren Beruf vorstellen, dann ist das eine weitere gute Möglichkeit, glaubhaft Ihre Motivation darzulegen.

Damit Sie sich vorstellen können, wie ein solches Motivationsschreiben optimal aussehen sollte, folgen jetzt fünf Beispiele. Diese stehen jeweils für eine Fächergruppe und können in ähnlicher Form auch für andere Fächer dieser Gruppe verwendet werden. Psychologie steht für die Fächergruppe der geisteswissenschaftlichen Fächer, die Wirtschaftswissenschaften stehen stellvertretend für die Gruppe der Gesellschafts- und Wirtschaftswissenschaften. Für die Gruppe der Naturwissenschaften steht stellvertretend das Fach Biologie. Bei Medizin ist an sehr vielen Hochschulen ein Motivationsschreiben Bestandteil der Studentenauswahl. Für die Gruppe der Ingenieurwissenschaften wurde das Fach Maschinenbau gewählt.

Die fünf Beispiele sind mit fiktiven Namen, Straßennamen, Städten und Hochschulen versehen, um die Schreiben anschaulicher zu machen. Namensgleichheit oder andere Ähnlichkeiten sind rein zufällig.

Lesen Sie bitte, auch wenn Sie nicht eines dieser Fächer studieren möchten, alle Musterbriefe durch, damit Sie sich mit dem System der Argumentation vertraut machen können. Etliche Bausteine aus den Schreiben sind auch auf andere Fächer übertragbar oder geben eine erste Orientierung, wie sich eine Hochschulauswahlkommission ein Motivationsschreiben vorstellt. Das »Gerüst« eines solchen Motivationsschreibens kann etwa sein:

1. Einleitung: Anlass des Schreibens – Bewerbung an der Hochschule – oder, alternativ, Vorstellung der Person (Name, Alter, Herkunft).

2. Interesse am Fach begründen, etwa durch Ihre Stärken in der Schule.

3. Nennung des Berufswunsches und eventuell erster praktischer Erfahrungen in diesem Bereich.

4. Interesse an der Hochschule bekunden, durch Verweis auf Vorzüge dieser speziellen Hochschule und Angabe, wo und wie Sie welche Informationen eingeholt haben.

5. Angabe zu den Hobbys. Dies sagt etwas über Ihre Persönlichkeit aus.

6. Schlusssatz. Der Wunsch, zu einem Auswahlgespräch eingeladen zu werden, kann hier geäußert werden. Dieser Punkt ist aber nur relevant, wenn es sich um ein zweistufiges Auswahlverfahren (der schriftlichen Bewerbung folgt ein Auswahlgespräch) handelt.

Wenn Sie die nun folgenden Beispiele gelesen haben, lesen Sie bitte abschließend in diesem Kapitel die zehn goldenen Regeln für ein gelungenes Motivationsschreiben.

Bewerbung für ein geisteswissenschaftliches Fach
Beispiel Psychologie

Sehr geehrte Damen und Herren,

mit diesem Schreiben und den beigefügten Unterlagen möchte ich mich zum Wintersemester 2006/2007 für das Studium der Psychologie an Ihrer Universität bewerben.

Ich möchte mich gerne kurz vorstellen: Mein Name ist Ralf Redemann, ich bin 20 Jahre alt und habe vor einem Jahr am Konrad-Adenauer-Gymnasium in Köln das Abitur mit der Durchschnittsnote 2,1 abgelegt. Im Anschluss daran habe ich meinen Dienst bei der Bundeswehr abgeleistet. Meine Eltern sind Friedrich und Sonja Redemann, ich habe zwei jüngere Schwestern. Mein Vater ist als Kfz-Meister tätig, meine Mutter arbeitet als Sachbearbeiterin bei der Stadtverwaltung.

Ich möchte deshalb Psychologie studieren, weil mich die Komplexität des Menschen schon immer fasziniert hat. Ich finde es hochinteressant, wenn der Mensch als ein rationales und emotionales Wesen mit all seinen Widersprüchen erklärt wird, und ich würde gerne Menschen, die Schwierigkeiten haben, sich im Leben zurechtzufinden, helfen. Mir ist bewusst, dass man für die Behandlung von psychischen Erkrankungen viel Geduld und Durchhaltevermögen braucht.

Meine Stärken in der Schule waren Deutsch, Mathematik, Biologie, Sozialkunde und Fremdsprachen.

Das Studium der Psychologie vermittelt vielseitige Kenntnisse, die auch wieder für vielseitige berufliche Tätigkeiten einsetzbar sind. Auch wenn ich noch offen bin für mögliche andere berufliche Schwerpunkte, würde ich doch eine Tätigkeit im Bereich der Kinder- und Jugendpsychologie oder der Klinischen Psychologie anstreben. Dies hat zwei Gründe: Ich bin seit vielen Jahren ehrenamtlich in der kirchlichen Jugendarbeit tätig und kümmere mich dort um die Organisation von Jugendveranstaltungen. Außerdem habe ich in den letzten Schulsommerferien ein fünfwöchiges Praktikum in einem Heim für Sozialwaisen absolviert und konnte mir ein realistisches Bild von der Arbeit der dort tätigen Psychologen machen.

Ich bewerbe mich bei Ihrer Universität, weil sie über einen der größten psychologischen Fachbereiche in Deutschland verfügt und, wie ich anhand des Vergleichs mehrerer Studienordnungen und Vorlesungsverzeichnisse gesehen habe, ein sehr breites Angebot an Einzelfächern bietet. Außerdem haben Sie den von mir angestrebten Studienschwerpunkt »Psychologie des Kindes- und Jugendalters« als Teilgebiet des Faches und als mögliches Schwerpunktthema für die Zwischenprüfung und das Examen vorgesehen.

Ihre Universität bietet in Psychologie alternativ das Diplom und einen Bachelor-Studiengang an. Ich möchte mich gerne für den Diplom-Studiengang bewerben, mir aber in den ersten Studiensemestern offen halten, auch den anderen Abschluss anzustreben.

Ich war bereits bei der Studienberatung und der Fachstudienberatung Psychologie Ihrer Universität. Dort wurde ich in meinem Beschluss bestärkt, und es wurde mir bestätigt, dass ich über die notwendigen fachlichen Voraussetzungen verfüge. Ich habe auch gesehen, dass Statistikkurse zu den Lehrveranstaltungen des Studiums gehören. Auch hier sehe ich kein Problem. Ich hatte Mathematik als Leistungskurs belegt, und das Fach hat mir Spaß gemacht.

Abschließend möchte ich noch bemerken, dass ich neben dem Engagement in der Kinder- und Jugendarbeit begeisterter Fahrradfahrer bin.

Ich würde mich sehr freuen, wenn Sie mir die Möglichkeit eines Auswahlgespräches geben würden, und stehe Ihnen mit weiteren Informationen und Unterlagen gerne zur Verfügung.

Mit freundlichen Grüßen

Ralf Redemann

Bewerbung für das Studium der Wirtschaftswissenschaften
Beispiel: Volkswirtschaftslehre

Sehr geehrte Damen und Herren,

gestatten Sie, dass ich mich kurz vorstelle: Mein Name ist Klaudia Kaufmann, ich bin 21 Jahre alt und habe vor zwei Jahren das Abitur erfolgreich abgelegt. Meine Lieblingsfächer in der Schule waren Deutsch, Englisch und Wirtschaft sowie – aber bereits mit leichtem Abstand – Mathematik und Sport. Meine Abiturdurchschnittsnote ist 2,5.

Meine Eltern betreiben ein Einzelhandelsgeschäft für Bekleidung. So konnte ich schon früh Einblick gewinnen in die Funktionsweise eines kleinen Betriebes und die damit zusammenhängende Finanzierung und Organisation.

Trotz des Einblicks in das Geschäft meiner Eltern möchte ich nicht Betriebswirtschaftslehre, sondern Volkswirtschaftslehre studieren. Meine Faszination gilt der Weltwirtschaft, der langsam zusammenwachsenden europäischen Ökonomie und dem Verhältnis von Politik und Wirtschaft. Nach meiner Meinung sind politisches Handeln und Sozialsysteme stark abhängig vom Verhältnis zwischen einem Staatswesen und seinem Wirtschaftssystem. Im Oberstufenkurs Wirtschaft habe ich mich auch schon mit den Klassikern der modernen Ökonomie wie Hayek oder Schumpeter und mit der ökonomischen Spieltheorie beschäftigt. Auch wenn im Unterricht diese Thematik nur kurz gestreift werden konnte, habe ich gemerkt, wie sehr mich politische Ordnungssysteme sowie globale und nationale gesamtwirtschaftliche Fragen interessieren.

Von 2003 bis 2005 habe ich eine Lehre als Bankkauffrau mit der Note »sehr gut« absolviert. Wie Sie dem beigefügten Kaufmannsgehilfenbrief entnehmen können, lagen auch hier meine Stärken wieder etwas mehr in den eher volkswirtschaftlich ausgerichteten Fächern.

Für eine Bewerbung an Ihrer Universität habe ich mich entschieden, weil sie neben einem breiten Angebot an Einzelfächern den Schwerpunkt »Geld, Währung und Kredit« anbietet, der mich besonders interessiert. Außerdem habe ich in Ihrem Vorlesungsverzeichnis des vergangenen Semesters gelesen, dass mehrere Lehrveranstaltungen aus dem Bereich »Weltwirtschaft« angeboten wurden. Was mich auch am Studium an Ihrer Universität reizt, ist die Möglichkeit, integriert in das Studium eine fachspezifische Fremdsprachenausbildung zu absolvieren. Ich würde dort gerne Englisch und Spanisch als fachspezifische Fremdsprachen belegen.

Von meinem Beruf habe ich nur dahingehend eine konkrete Vorstellung, dass ich gerne im Bereich »Internationale Organ sationen« tätig werden möchte, z.B. bei der Weltbank, bei der europäischen Zentralbank oder eventuell auch innerhalb anderer europäischer Organisationen. Auch eine Tätigkeit bei der Deutschen Bundesbank stände auf meiner Wunschliste ganz oben. Auf jeden Fall sollte mein späterer Beruf etwas mit internationalen Wirtschaftsbeziehungen zu tun haben.

Wenn ich mich selbst charakterisieren müsste, so halte ich mich für sehr motiviert, interessiert an vielen Themen – nicht nur aus der Wirtschaft –, belastbar, teamorientiert und in jedem Fall wissbegierig. Meine Hobbys sind Jazz und klassische Musik das ganze Jahr und Motorradfahren im Sommer.

Ich würde mich sehr freuen, wenn Sie mir die Möglichkeit eines persönlichen Auswahlgespräches geben würden.

Mit freundlichen Grüßen

Klaudia Kaufmann

Bewerbung für ein naturwissenschaftliches Fach
Beispiel: Biologie

Sehr geehrte Damen und Herren,

zunächst möchte ich mich kurz vorstellen: Mein Name ist Gabriele Genau, ich bin 20 Jahre alt und habe letztes Jahr das Abitur am Friedrich-Schiller-Gymnasium in Potsdam abgelegt. Als Leistungskurse hatte ich Biologie und Chemie, als weitere Abiturfächer Englisch und Mathematik. Meine Abiturdurchschnittsnote ist 2,1.

Ich habe zwei ältere Brüder. Mein Vater, Robert Genau, ist als Gymnasiallehrer für die Fächer Deutsch und Englisch tätig. Meine Mutter, Sabine Genau, arbeitet als MTA in einem großen Labor in Potsdam.

Zunächst möchte ich Ihnen erläutern, warum ich Biologie studieren möchte. Bis vor einigen Wochen war ich mir nicht sicher, ob ich Biologie oder ein anderes naturwissenschaftliches Fach wie Chemie oder Mathematik studieren soll. Mein Interesse gilt erst einmal allen naturwissenschaftlichen Fächern. Ich habe hier (siehe mein beiliegendes Abiturzeugnis) meine besten Noten bekommen. Auch wenn meine Noten in Deutsch und Fremdsprachen nicht schlecht sind, so kommt für mich doch nur ein naturwissenschaftliches Studium in Frage. Vor der Entscheidung, mich für ein Biologie-Studium zu bewerben, habe ich mich intensiv anhand von Studienführern und Studienordnungen mit den naturwissenschaftlichen Fächern beschäftigt. Ich habe gesehen, dass im Grundstudium das Studium der Fächer sehr ähnlich ist. Es besteht ganz grob zu etwa einem Viertel aus Mathematik, Physik, Chemie und Biologie. Erst im Hauptstudium erfolgt die eigentliche Schwerpunktbildung. Dennoch ist mir, wenn ich dies so sagen darf, die Mathematik ein wenig zu abstrakt, die Physik ein wenig zu theoretisch und die Chemie ein klein wenig zu trocken. Biologie erscheint mir als die breiteste Disziplin, sie erstreckt sich von Botanik bis Zoologie, von der Grundlagenforschung bis zur Anwendung, vom Bakterium bis zum Säugetier. Außerdem würde ich gerne einen Schwerpunkt des Studiums auf Bio- und Gentechnologie legen, die ich für die großen Zukunftsthemen halte. Der zweite Grund, warum ich mich für das Biologiestudium entschieden habe, ist, dass ich mich in der Stufe 12 am Wettbewerb »Jugend forscht« beteiligt habe. Auch wenn ich keinen Preis gewinnen konnte, bin ich bis in die Endrunde vorgedrungen. Ich habe auch zeitweise mit dem Gedanken gespielt, erst eine Ausbildung als biologisch-technische Assistentin zu absolvieren, mich aber dann doch entschieden, für ein Jahr in dem Labor, in dem meine Mutter tätig ist, ein Praktikum zu machen. Dies hat mir sehr viel Spaß gemacht und ich konnte mir, wie Sie dem beiliegenden Zeugnis entnehmen können, ein großes Maß an Praxis und Einblick in den Alltag eines großen Labors verschaffen. Parallel dazu habe ich mich bei der Studienberatung Ihrer Universität beraten lassen. Auch dort hat man mich in der Wahl meines Studienfachs bestärkt.

Welchen Weg ich nach dem Biologiestudium (wenn ich es schaffen sollte) einschlagen werde, vermag ich im Moment noch nicht zu sagen. Ich hoffe, hier einige Anregungen im Studium zu bekommen, die ich durch das ein oder andere Praktikum in den Semesterferien vertiefen möchte. Interessieren würden mich, auch wenn ich hierüber noch wenig weiß, Tätigkeiten in der biologischen Forschung an einer Universität oder in der Industrie.

Meine Bewerbung für Ihre Universität erfolgte nicht primär deshalb, weil sie eine der näher liegenden Universitäten ist. Es ist sicherlich von Vorteil für mich, wenn ich den Studienplatz bekommen sollte, dass ich noch eine Zeit zu Hause wohnen könnte, was auch aus finanziellen Gründen günstig wäre. Der Hauptgrund ist, dass Ihre Universität, wie ich in verschiedenen Rankings gelesen habe, zu den besten Universitäten im Fach Biologie gehört und dass die Betreuungsrelation sehr gut ist. Ein zusätzlicher Grund, mich bei Ihnen zu bewerben, ist mein Hobby klassische Musik. Ich spiele Geige und würde gerne im Uni-Orchester Ihrer Universität mitwirken.

Ich habe die erforderlichen Unterlagen beigefügt und hoffe, dass ich die Erwartungen, die Sie an künftige Biologiestudenten stellen, erfüllen kann.

Ich würde mich sehr freuen, zu einem Auswahlgespräch eingeladen zu werden.

Mit freundlichen Grüßen

Gabriele Genau

Bewerbung für einen Studienplatz in Medizin
Beispiel: Studiengang Humanmedizin

Sehr geehrte Damen und Herren,

mit diesem Schreiben möchte ich gerne meine Bewerbung für das Medizinstudium erläutern.

Gestatten Sie mir zunächst einige Informationen zu meiner Person: Mein Name ist Hanno Heilmann, und ich bin 21 Jahre alt. Mein Vater ist als Betriebswirt bei einem großen Getränkehersteller in Bonn tätig, meine Mutter ist Leiterin der Personalabteilung bei einer mittelständischen Baufirma in Bonn. Ich habe einen älteren Bruder.

Mein Abitur habe ich vor einem Jahr mit der Durchschnittsnote 1,5 am Alexander-von-Humboldt-Gymnasium in Bonn abgelegt. Meine Leistungskurse waren Biologie und Chemie, 3. und 4. Abiturfach waren Englisch und Sport.

Was stelle ich mir unter dem Medizinstudium vor, und warum möchte ich Medizin studieren, das sind die beiden Fragen, die ich gerne wie folgt beantworten möchte: Ich stelle mir das Medizinstudium als ein langes, arbeitsintensives und stark naturwissenschaftlich ausgerichtetes Studium vor. Sollte ich zugelassen werden, so warten auf mich durchschnittlich 6 bis 7 Jahre Ausbildung mit theoretischen und praktischen Studienanteilen. Mir ist bewusst, dass für das Medizinstudium nicht nur das Interesse wichtig ist, sondern ebenso Begabung und eine gute Qualifikation für das Studium. Diese glaube ich über die gymnasiale Ausbildung mitzubringen – ich hatte alle Naturwissenschaften bis zum Beginn der Oberstufe. Hier musste ich mich zwischen Physik und Chemie entscheiden und habe mich für Letzteres entschieden. Gute Noten in Biologie und Chemie, aber auch Mathematik lassen hoffen, dass ich den Anforderungen des Studiums gewachsen bin.

Zu meiner Motivation für den Arztberuf: Ich habe meinen Zivildienst unmittelbar nach dem Abitur im St.-Elisabeth-Krankenhaus abgeleistet. Dabei habe ich alle Arbeiten gemacht, die auf einer Station für einen Helfer von Krankenschwestern und Krankenpflegern anfallen. Mit kranken Menschen umzugehen, dies war, wenn man damit noch nie zu tun hatte, eine harte Erfahrung, aber es hat mir auch viel Freude bereitet, zuzusehen, wie die Patienten sich schließlich wieder erholt und das Krankenhaus geheilt verlassen haben. Es hat auch die eine oder andere Überwindung gekostet, die Patienten zu waschen und zu pflegen, aber die Dankbarkeit der Menschen, wenn man sich ihrer angenommen hat, hat das wieder mehr als ausgeglichen.

Eigentlich schon vor dem Zivildienst, aber bestärkt durch den Zivildienst, habe ich mich entschlossen, mich für ein Medizinstudium zu bewerben und später als Arzt im Krankenhaus tätig zu sein. Ich habe gesehen, dass das eine anstrengende und verantwortungsvolle Arbeit ist, die großes Stehvermögen erfordert. Lange Dienstzeiten, Bereitschaftsdienste und auch der Dienst am Wochenende sind sicherlich nicht jedermanns Sache, aber ich würde gerne diese Herausforderung annehmen und den Weg in die Medizin gehen.

Ich könnte mir auch noch eine andere ärztliche Tätigkeit vorstellen, die eng verbunden ist mit meinen sportlichen Interessen. Ich bin aktiver Leichtathlet und hätte auch Interesse an der Sportmedizin. Möglicherweise lassen sich ja beide Bereiche miteinander kombinieren, z.B. könnte ich als Facharzt für Sportmedizin in einer Sportklinik tätig werden. Das ist auch der Grund, warum ich mich bei Ihrer Hochschule bewerbe, denn hier wird der Studienschwerpunkt Sportmedizin angeboten. Ein weiterer Grund ist, dass ich in einem Studienführer gelesen habe, dass Ihre Hochschule diejenige in Deutschland mit den kürzesten durchschnittlichen Studienzeiten in Medizin ist. Außerdem würde ich gerne in der Leichtathletikmannschaft Ihrer Universität aktiv mitwirken.

All dies, das ist mir klar, kann nur Schritt für Schritt erreicht werden. Der erste Schritt wird sein, einen Studienplatz in Humanmedizin zu bekommen, und das am liebsten bei Ihrer Universität. Ich hoffe, dass ich Sie überzeugen konnte, hierfür gute Voraussetzungen mitzubringen.

Über die Einladung zu einem Auswahlgespräch würde ich mich sehr freuen.

Mit freundlichen Grüßen

Hanno Heilmann

Bewerbung für einen Studienplatz in Ingenieurstudiengängen
Beispiel: Maschinenbau

Sehr geehrte Damen und Herren,

gestatten Sie mir, dass ich mich kurz vorstelle: Mein Name ist Frank Findig, ich bin 20 Jahre alt und habe im letzten Jahr mein Abitur mit der Durchschnittsnote 2,6 am Karl-Liebknecht-Gymnasium abgelegt. Mein Vater ist Ingenieur in der Entwicklungsabteilung eines Automobilherstellers. Meine Mutter ist Hausfrau, ich habe zwei jüngere Geschwister, 9 und 11 Jahre alt.

Ich möchte Ihnen zunächst meine Motivation für die Bewerbung um einen Studienplatz in Maschinenbau ausführlich erläutern. Technik hat mich schon immer begeistert. Seit jeher habe ich Bücher gelesen, in denen es um die Meilensteine der Technik geht – von der Erfindung des Rades, dem Feuerstein bis hin zu den großen Entwicklungen und Entdeckungen des 18. und 19. Jahrhunderts, wie der Erfindung der Dampfmaschine, der Eisenbahn, der Elektrizität, des Telefons, des Autos und schließlich des Flugzeuges.

In der Schule haben mir die Fächer, bei denen es um Naturwissenschaft und Technik geht, am meisten Spaß gemacht. Entsprechend gut sind die Noten ausgefallen – meine Lieblingsfächer waren Physik und Mathematik, in beiden Fächern hatte ich Leistungskurse belegt. In der ganzen Oberstufe habe ich in der von meiner Schule angebotenen Informatik-Arbeitsgruppe mitgearbeitet.

Ich bin aber nicht nur sehr an Technik interessiert, sondern habe auch Spaß am praktischen Umgang mit der Technik. Ich baue und entwickle für mein Leben gern; meine ersten erfolgreichen Projekte waren eine Neuentwicklung einer leicht transportierbaren Saftpresse, mit der Gartenbesitzer ihren Obstbestand optimal verwerten können, und die Entwicklung einer gut handhabbaren, leichten elektrischen Heckenschere für Büsche und Blumen mit etwas stärkerem Stamm, die im Rahmen des »Schülerwettbewerbes Technik« mit dem zweiten Preis ausgezeichnet wurde. Mein Bestreben ist, immer zu wissen, wie etwas funktioniert und wie es verbessert werden kann.

Ich glaube, dass die Zukunft noch viel mehr von der Technik bestimmt sein wird als die heutige Zeit. Maschinen und Computer eröffnen zukünftig weitere neue Möglichkeiten des technischen Fortschritts. Irgendwann werden die fossilen Rohstoffe ausgehen; und in 50 oder 100 Jahren wird es völlig neue Transport- und Kommunikationssysteme geben. Deshalb faszinieren mich auch Themen wie Brennstoffzellen, Kernfusion oder Speichersysteme von Energie auf der Ebene von Mikrosystemen.

Ich habe lange überlegt, ob ich mich für Elektrotechnik oder Maschinenbau bewerben soll. Das eine ist ohne das andere nicht denkbar. Ich habe mich mit meinem Vater und mit einigen seiner Kollegen beraten. Sie meinen, dass mein Herz ein wenig stärker für den Maschinenbau schlägt. Ich hatte voriges Jahr die Möglichkeit, mich beim Tag der offenen Tür Ihrer Universität einmal in beiden Fächern genauer umzuhören, mit der Fachstudienberatung zu sprechen und mehrere Vorlesungen zu hören. Auch diese Erfahrung hat mein Interesse bestärkt, Maschinenbauingenieur werden zu wollen. Den Ausschlag gab schließlich ein Praktikum bei der Firma Rein & Sauber, die Maschinen für Klärwerke und Abwasseranlagen baut. Besonders interessant fand ich es, in der Abteilung, in der neue Filtersysteme entwickelt werden, zu arbeiten.

Mein Hobby ist, neben der Technik, die ich gerne zu meinem künftigen Beruf machen möchte, die Archäologie. Ich finde es faszinierend, wie mit Hilfe von Technik vergangene Zeiten und historische Kulturen rekonstruiert werden können, und wir erfahren, wie Menschen in der jeweiligen geschichtlichen Epoche gelebt und gedacht haben. Mich erstaunt dabei immer wieder, mit welch einfachen Mitteln Menschen schon vor Jahrtausenden versucht haben, mit technischen Ideen ihr Leben zu erleichtern.

Nachdem ich Ihnen meine Studienmotivation für Maschinenbau erläutert habe, möchte ich auch begründen, warum ich mich gerade an Ihrer Universität bewerbe. Ich stand vor der Alternative eines Fachhochschulstudiums oder eines Universitätsstudiums. Am Fachhochschulstudium würde mich der hohe Praxisbezug reizen. Auch wenn das Universitätsstudium sicher theoretischer und länger ist, möchte ich mich aber an einer Universität einschreiben, denn ich will vor allem studieren, wie man Maschinen weiterentwickeln oder wie man alternative Techniken entwickeln kann. Hier erwarte ich von einem Universitätsstudium stärkere Impulse.

Ihre Hochschule zählt, wie mir mehrere Personen versichert haben, zu den besten technischen Universitäten. Ich würde mich freuen, wenn Sie mich zu einem Auswahlgespräch einladen würden.

Mit freundlichen Grüßen

Frank Findig

Die zehn goldenen Regeln für das Motivationsschreiben:

1. Wenn Formalien wie Umfang, Zeilenabstand, Schriftgröße usw. von der Hochschule vorgegeben werden, dann halten Sie sich unter allen Umständen an diese Vorgaben.

2. Wenn, was der Normalfall ist, keine Vorgaben gemacht werden, schreiben Sie nicht weniger als eine Seite, aber auf keinen Fall mehr als zweieinhalb Seiten. Eineinhalb bis zwei Seiten sind optimal. Wählen Sie entweder einzeilige oder eineinhalbzeilige Abstände. Für eine bessere Lesbarkeit ist Schriftgröße 11 oder 12 zu verwenden. Machen Sie dort Absätze im Text, wo ein neuer Gedanke beginnt.

3. Vermeiden Sie den »Asthma-Stil«, d. h. lange und verschachtelte Sätze. Bauen Sie den Text aus kurzen Hauptsätzen auf, in die ein oder zwei Nebensätze eingefügt sein können. Das erleichtert die Lesbarkeit und vermittelt den Eindruck, dass Sie Ihre Gedanken klar vortragen können.

4. Beginnen Sie das Schreiben mit einigen Informationen zu Ihrer Person, Ihrer Familie und zu Ihrem bisherigen Werdegang, auch dann, wenn Sie zusätzlich einen Lebenslauf beigefügt haben. Es erleichtert dem Leser den Einstieg und macht das Schreiben persönlicher.

5. Teilen Sie Ihr Motivationsschreiben gedanklich in kleine Kapitel auf, so dass jeweils eine Argumentation abgeschlossen ist, bevor die nächste beginnt, und an keiner Stelle des Schreibens ein Gedanke an zwei verschiedenen Stellen auftaucht.

6. Die drei Schlüsselthemen, die sich durch das gesamte Motivationsschreiben wie ein roter Faden hindurchziehen sollten, sind Ihre Eignung für das Studienfach, Ihre Motivation für das Studium und Ihre sorgfältige Wahl des Hochschulortes.

7. Stellen Sie nicht Ihre Person und das, was Sie zu können glauben, in den Vordergrund, sondern Ihr großes Interesse, an diesem Ort den Wunschstudienplatz zu bekommen, und Ihre hohe Motivation für das Studium. Anders ausgedrückt: Erwecken Sie nicht den Ein-

druck, hier bewirbt sich ein »Möchtegern-Einstein«, sondern dass hier ein begabter und hochmotivierter junger Mensch seine Chance bekommen möchte.

8. Stellen Sie in dem Motivationsschreiben unter Beweis, dass Sie sich über das Studienfach, für das Sie sich bewerben, und über die Hochschule, an der Sie studieren möchten, sehr intensiv informiert haben.

9. Begründen Sie Ihr Studieninteresse oder Ihre Studienmotivation nie mit breiten oder guten Berufschancen oder damit, dass man viel Geld verdienen kann. Wenn Sie konkrete Berufe nennen, die Sie nach dem Studium ergreifen möchten, dann konzentrieren Sie sich auf Ihre Vorliebe für die mit diesen Berufen verbundenen Tätigkeiten oder auf die vielfältigen Einsatzmöglichkeiten. Da niemand von Ihnen erwartet, dass Sie in Ihrem Alter bereits wissen, was Sie nach dem Studium beruflich machen möchten, können Sie gerne mehrere Berufe nennen, die Ihnen Spaß machen könnten.

10. Keine Hochschule sucht bevorzugt Studierende mit der Motivation, dass die Hochschule um die Ecke ist oder dass man weiterhin im »Hotel Mama« wohnen möchte. Lassen Sie so etwas ganz weg oder verpacken Sie es geschickt.

Sonstige benötigte Unterlagen

Verlangt werden für die schriftliche Bewerbung der Nachweis, dass Sie die formalen Voraussetzungen für das Studium haben. Das kann, je nach Hochschule und Fach, eine Kopie oder beglaubigte Kopie des Abiturzeugnisses, der Fachhochschulreife oder der fachgebundenen Hochschulreife sein. Wenn zu den Voraussetzungen für das Studium eine Berufsausbildung, ein Praktikum oder eine berufliche Tätigkeit gehört bzw. wenn diese Ihnen einen Wettbewerbsvorteil im Auswahlverfahren verschaffen können, fügen Sie bitte Bescheinigungen oder Zeugnisse bei. Auch wenn es nicht ausdrücklich gefordert wird, fügen Sie Ihrer Bewerbung einen tabellarischen Lebenslauf mit Foto bei. Dieser untermauert Ihre vorgetragene Argumentation und bietet der anderen Seite die Möglichkeit, sich über den Kandidaten noch einmal überblicksartig zu informieren.

Studienplatzvergabe mit Auswahlgespräch

Intention und Inhalte eines Auswahlgesprächs

Bevor Sie die nachfolgenden Informationen, wie ein Auswahlgespräch für einen Studienplatz abläuft, gründlich lesen, vorab einige wichtige Tipps und Informationen:

Bestimmte Regeln: Das Auswahlgespräch für einen Studienplatz unterscheidet sich nicht wesentlich von dem für einen Ausbildungsplatz. Egal für welches Studienfach Sie sich bewerben, das Gespräch läuft nach einem ähnlichen Muster ab. Es gibt bestimmte Regeln, die Sie sich einprägen sollten. Wir werden im Folgenden noch darauf eingehen (ab S. 73 ff.).

Fachwissen: Das Auswahlgespräch ist keine Fachprüfung, in der überwiegend Fachwissen abgefragt wird. Niemand erwartet, dass Sie bereits vor Studienbeginn den Wissensstand eines Erstsemesters haben. Im Kapitel »Tipps von Hochschullehrern für Bewerber/-innen« (S. 149 ff.) bekommen Sie viele Informationen über mögliche Fragen.

Klare Antworten: Die prüfenden Hochschullehrer/-innen wollen sich einen Eindruck von Ihrer Persönlichkeit verschaffen. Sie möchten herausfinden, ob Sie für dieses Studienfach geeignet sind. Ob Sie sich gedanklich und sprachlich klar und verständlich ausdrücken können und in der Lage sind, auf Fragen präzise zu antworten. Außerdem möchten sie in Erfahrung bringen, ob Sie sich gründlich überlegt haben, was Sie wollen, inwieweit Sie spontan auf ungewöhnliche Fragen reagieren können (womit Flexibilität getestet wird). Wichtig ist, dass Ihre Gedankenführung logisch aufgebaut ist und überzeugend beim Gesprächspartner ankommt.

Vorbereitung: Nehmen Sie ein Auswahlgespräch nicht auf die leichte Schulter, nach dem Motto: »Denen erzähle ich jetzt etwas.« Vermeiden Sie aber auch, sich überzutrainieren. Gehen Sie gut vorbereitet ins Rennen, aber rechnen Sie damit, dass die eine oder andere »quere« Frage gestellt wird, die von Ihnen spontan beantwortet werden soll.

Dauer des Gesprächs: Üblich bei Auswahlgesprächen ist das Einzelgespräch. Hier stehen Sie mehreren Personen gegenüber – rechnen Sie mit zwischen drei und sechs Fragenden. Ein solches persönliches Auswahlgespräch wird zwischen dreißig und fünfundvierzig Minuten dauern. Sollte es weniger als dreißig Minuten dauern, lässt dies keinen Schluss darauf zu, dass Sie durchgefallen sind, sowie umgekehrt ein längeres Gespräch kein Indiz für ein Bestehen ist.

Das Auswahlgespräch besteht aus Fragen und Antworten. Etwa achtzig Prozent der Fragen werden Ihnen gestellt. Am Schluss des Gespräches haben Sie die Möglichkeit, Fragen zu stellen.

Dauer der Antworten: Die Beantwortung einer Frage, dies ist eine eiserne Regel, soll länger dauern als die gestellte Frage. Ausnahme sind nur Fachfragen, die Sie mit einer Formel, Gleichung oder Ableitung beantworten sollen. Ansonsten sollten Sie, ohne dabei auf die Uhr zu schauen, eine gestellte Frage in etwa ein bis zweieinhalb Minuten beantworten. Wenn Sie zu dem Typus gehören, der alle Fragen nach dem Prinzip »In der Kürze liegt die Würze« beantwortet, dann sollten Sie beim Auswahlgespräch ausnahmsweise von dieser Regel Abstand nehmen, ruhig einmal mehr erzählen und ein wenig aus sich herausgehen. Wenn Sie hingegen zum umgekehrten Typus »Solange ich rede, können die nicht fragen« gehören, dann sollten Sie beim Auswahlgespräch Ihr Mundwerk auf »Sparflamme« schalten. Wer zu viel redet, erweckt den Eindruck, ein Schwätzer zu sein; wer sich jedes Wort aus der Nase ziehen lässt, hinterlässt einen phlegmatischen Eindruck.

Natürlichkeit: Seien Sie »Sie selbst«, das soll heißen, versuchen Sie nicht, sich im Auswahlgespräch zu verstellen, eine Rolle zu spielen, die Sie nicht beherrschen, und ziehen Sie auch bitte keine Show ab. Ihnen gegenüber sitzen gestandene Männer und Frauen aus der Wissenschaft, aber keine Talkshow-Moderatoren. Versuchen Sie mit guten, klar durchdachten und schlüssig vorgetragenen Antworten zu punkten und nicht durch Effekthascherei.

Kleiderfrage: Beim Auswahlgespräch um einen Studienplatz ist die Kleiderfrage zwar nicht von zentraler, aber auch nicht von nachrangiger Bedeutung. Vermeiden Sie nach Möglichkeit auch hier Extreme. Ein Auswahlgespräch ist keine Faschingsfete und auch kein Opernball. Getestet wird nicht, ob Sie sich extravagant, nach der neuesten Mode oder besonders chic kleiden können, sondern ob Sie für ein bestimmtes

Studienfach geeignet sind. Vermeiden Sie also ein der Situation nicht angemessenes »Underdressed-Sein« (Jeans, T-Shirt, Freizeitschuhe), aber treten Sie auch nicht »overdressed« (Festtagsanzug, Opernkleidung) auf. Gehen Sie zum Auswahlgespräch so, wie Sie zu einem Vorstellungsgespräch für einen Ausbildungsplatz oder einen Arbeitsplatz gehen würden. Bei Männern ist Anzug mit Krawatte kein »Muss«, aber auch kein Nachteil. Hose, Jackett und Krawatte wären optimal. Bei Damen besteht kein Kostümzwang, Hose oder Rock mit Bluse und Blazer sind eine gute dezente Wahl. Wählen Sie keine grellen Farben. Und wenn es schon farbig sein soll, sollten die Farben schon einigermaßen zusammenpassen. Das ist kein Aufruf zum Opportunismus, sondern ein Appell an Ihren Pragmatismus. Kleiden Sie sich so, wie Sie sich am wohlsten fühlen, aber vermeiden Sie Extreme, damit Sie beim ersten Eindruck, wenn Sie den Raum betreten, auf der anderen Seite keine Abneigung aufgrund Ihres Äußeren hervorrufen. Sie müssten dann sehr kräftig punkten, um den ersten schlechten Eindruck durch eine falsche Wahl der Kleidung wieder wettzumachen.

Die Bewerbung

Im Gegensatz zur Studienplatzvergabe nach einer schriftlichen Bewerbung, bei der die Hochschule ihre ausgewählten Kandidaten vor der Einschreibung nicht zu Gesicht bekommt, erfolgt die Studienplatzvergabe mit Auswahlgespräch zumeist in einem zweistufigen Verfahren: Einer schriftlichen Bewerbung folgt ein Auswahlgespräch mit den ausgewählten Bewerbern. Dabei ist die schriftliche Bewerbung keine Formalie, sondern die Voraussetzung für das Auswahlgespräch. Anders ausgedrückt: Es folgt der schriftlichen Bewerbung nur dann eine Einladung zum Auswahlgespräch, wenn diese aussagekräftig war, die vorgebrachten Gründe für die Bewerbung plausibel dargestellt waren und sie bei denen, die die schriftlichen Bewerbungen bearbeiten, den Eindruck hinterlassen hat, dass sie eine Einladung zum mündlichen Auswahlgespräch rechtfertigt. Dieses System gleicht dem Auswahlverfahren für einen Ausbildungsplatz oder für einen Arbeitsplatz. Nur diejenigen, die sich überzeugend schriftlich beworben haben, haben eine Chance auf das Vorstellungsgespräch.

Je nach Hochschule und Studiengang werden unterschiedliche Bewerbungsunterlagen erwartet. Im Regelfall sollte die Bewerbung jedoch die Unterlagen enthalten, die wir schon im Kapitel über die schriftliche

Bewerbung genannt haben (Anschreiben, Kopie bzw. beglaubigte Kopie der Hochschulzugangsberechtigung, Kopie bzw. beglaubigte Kopie über den Abschluss einer Berufsausbildung, Praktika oder Berufstätigkeit, Motivationsschreiben, Lebenslauf). Lesen Sie deshalb, bevor Sie Ihre Bewerbung für ein Auswahlgespräch zu Papier bringen, die Seiten 52–69 dieses Buches noch einmal sehr gründlich.

Der Gesprächsablauf in 6 Akten

In der »Deutschen Universitätszeitung (DUZ)« wurde vor kurzem ein Leitfaden für Dozenten zur Struktur des Auswahlgesprächs veröffentlicht (siehe auch Verzeichnis der verwendeten Materialien). Die DUZ, wie sie abgekürzt heißt, ist das Publikationsorgan für die Hochschulen und für die Hochschullehrer/-innen. Sie können davon ausgehen, dass dieses Insiderwissen bei Auswahlgesprächen angewandt wird. Schon aus diesem Grund haben wir uns bei den folgenden Ausführungen eng an diesen Leitfaden angelehnt, ihn aber um einige wichtige – dort fehlende – Punkte ergänzt.

Ein Auswahlgespräch gleicht einem Theaterstück. Es ist in einzelne Akte eingeteilt. Mit jedem Akt versucht die fragende Seite, bestimmte Dinge über Sie herauszufinden, um schließlich durch die Summe der Akte eine Einschätzung zu bekommen, ob Sie der oder die Richtige für einen bestimmten Studiengang sind.

1. Akt: Die Gesprächseröffnung
Sie hat nur die Funktion, sich zu begrüßen und eine freundliche Gesprächsatmosphäre für die kommenden Akte herzustellen. Der erste Teil des Auswahlgesprächs besteht aus Begrüßung, Vorstellung, einem Hinweis auf das Ziel, den Ablauf und die Dauer des Gespräches. Es könnten Fragen gestellt werden, z. B., ob Sie gut hergefunden haben, ob Sie zum ersten Mal hier sind, ob Sie den Raum schnell gefunden haben und dergleichen. Bei dieser Gesprächseröffnung müssen Sie aber auf zwei Dinge besonderen Wert legen: Wenn Sie eintreten, warten Sie ab, dass Sie begrüßt werden, begrüßen Sie nicht zuerst. Gehen Sie auch nicht zum Händeschütteln auf das Auswahlgremium zu, sondern warten Sie ab, ob man Sie per Handschlag begrüßt oder nicht. Beides ist möglich. Wenn Sie hereinstürmen wie ein Politiker, der das Bad in der Menge sucht, haben Sie bereits die ersten Minuspunkte gesammelt.

Achten Sie sehr genau darauf, wie die Personen auf der Gegenseite Ihnen vorgestellt werden. Üblicherweise wird einer aus der Gruppe der Prüfenden das Gespräch eröffnen und danach sich und die anderen vorstellen. Versuchen Sie, sich so viele Namen wie möglich zu merken. Sollten Sie zu diesem Zeitpunkt bereits Platz genommen haben, können Sie sich auch die Namen notieren. Achten Sie aber nicht nur auf die Namen, sondern – und das ist möglicherweise noch wichtiger – auf die Titel. An einer Hochschule gibt es Doktoren und Professoren, beide legen Wert auf diese Titel, es sei denn, sie lassen sie von vornherein weg. Wenn der Vorsitzende des Auswahlgesprächs sich als Professor Müller, seine Kollegen als Frau Prof. Meier, Herrn Prof. Schulz und Dr. Wagner vorstellt, dann reden Sie bitte während des gesamten Auswahlgesprächs diese Personen mit Professor oder Doktor an, ansonsten hagelt es Minuspunkte. Wenn der Vorsitzende sich als Herr Müller, die anderen als Frau Meier, Herrn Schulz und Frau Wagner vorstellt, dann reden Sie sie auch so an und machen Herrn Müller weder zum Doktor noch zum Professor. Sie mögen darüber möglicherweise schmunzeln, aber Fehler, die Sie hier machen, wirken sich gravierend auf das Endergebnis aus.

2. Akt: Biografische Elemente

Das Auswahlgremium wird Sie auf der Basis Ihrer Bewerbung, Ihres Lebenslaufes oder Ihres biografischen Fragebogens nach Ihrem bisherigen Ausbildungsweg fragen, nach schulischen, berufsbezogenen, außerschulischen Erfahrungen, nach Ihren Interessen oder Hobbys. Auch diese Fragen dienen noch dem Warming-up und haben den Zweck, dass sich die andere Seite ein erstes Bild von Ihnen, Ihrer Persönlichkeit und Ihrem bisherigen Werdegang machen kann. Reagieren Sie deshalb nicht genervt auf Aufforderungen wie *Erzählen Sie doch einmal etwas von sich!*, mit: *Hätten Sie meine Unterlagen richtig gelesen, bräuchten Sie diese Frage nicht zu stellen.* Sie sind nicht der einzige Kandidat, und Sie dürfen auch nicht voraussetzen, dass die Auswahlkommission jede einzelne Bewerbung, auch wenn sie sie gründlich gelesen hat, noch im Detail in Erinnerung hat. Wenn Sie aufgefordert werden, sich kurz vorzustellen, liegt die Betonung gleichermaßen auf »kurz« und auf »vorstellen«. Sie sollten in maximal zwei Minuten das Wesentliche aus Ihrem bisherigen Leben erzählen. Wer Sie sind, wie alt Sie sind, wer Ihre Eltern sind, wo Sie leben, wie Ihr bisheriger schulischer Weg aussah, was Ihre Interessen und Hobbys sind (kurz fassen) und welche außerschulischen Aktivitäten Sie unternommen haben, die für den Studiengang, für den Sie sich bewerben, wichtig sein könnten (eher etwas länger ausführen).

3. Akt: Zentrale Fragen

Hier werden die zentralen Fragen gestellt, anhand derer die gegenübersitzende Seite Ihre Studienmotivation, Ihre Studienfähigkeit für dieses Fach und Ihre richtige oder falsche Selbsteinschätzung im Hinblick auf Anforderungen und Herausforderungen des jeweiligen Faches testen möchte. In diesem zentralen Block müssen Sie sich auf folgende Fragen einstellen:

- *Was reizt Sie an diesem Studienfach?*
- *Warum haben Sie sich gerade bei unserer Hochschule beworben?*
- *Welche Begabungen und Interessen sind Ihrer Meinung nach für unser Studienfach besonders wichtig?*
- *Welche Ihrer Fähigkeiten wird Ihnen in diesem Studiengang besonders nützen?*
- *Welchen Beruf möchten Sie nach dem Studium ergreifen?*

Für diese Fragen gibt es keine Patentantworten, Sie müssen sie vor dem Auswahlgespräch für sich in Ruhe beantworten und können sicher sein, dass diese Fragen gestellt werden. Wie sehr Sie an dieser Stelle punkten, hängt von einer guten Vorbereitung auf diese Fragen ab. Sie können in diesem Teil des Auswahlgesprächs massiv Minuspunkte bekommen. Auf die Frage, warum Sie sich an dieser Hochschule beworben haben, sollten Sie, das haben wir schon zuvor betont, nicht antworten, dass es die nächstgelegene Hochschule ist und Sie weiterhin bei den Eltern wohnen möchten (selbst wenn dies den Tatsachen entspricht). Keine Hochschule lässt sich gern auf Bewerber ein, deren primäres Motiv die Nähe zum derzeitigen Wohnort ist. Auf die Frage *Was reizt Sie an diesem Studienfach?*, sollten Sie auch nicht antworten, dass Sie damit gute Berufschancen erwarten, weil dies nicht als optimale Studienmotivation gewertet wird. Bei der Frage, welchen Beruf Sie nach dem Studium ergreifen möchten, sollten Sie sich entweder auf einen Beruf klar festlegen und erläutern, warum Sie diesen ergreifen möchten, oder darauf hinweisen, dass das Studium Wege zu verschiedenen, für Sie vorstellbaren Berufen eröffnet. Dies gibt Pluspunkte, weil es auf persönliche Flexibilität hinweist.

Argumentieren Sie immer, indem Sie Ihr Interesse zeigen. Sie wollen dieses Fach studieren, weil Sie gute Noten in bestimmten Schulfächern haben, die für dieses Fach besonders wichtig sind. Sie wollen an dieser Hochschule studieren, weil Sie gehört haben, dass dort gut ausgebildet wird und eine günstige Betreuungsrelation von Lehrenden und Studierenden besteht. Sie möchten einen bestimmten Beruf ergreifen oder einen Berufsweg einschlagen, für den dieses Studium eine wichtige Voraussetzung ist. Und punkten Sie an dieser Stelle mit Insiderwissen: Sie haben ein Praktikum absolviert, mit Leuten gesprochen, die dieses Fach studieren und die Ihren Wunschberuf bereits ausüben, Sie haben sich schon einmal die Studienordnung beschafft. Sie haben sich auch schon bei anderen Hochschulen informiert und die Studieninhalte verglichen oder das Ergebnis eines Studienwahltests war, dass Sie für das Fach, für das Sie sich hier bewerben, besonders geeignet sind. An dieser Stelle sind Ihrer Fantasie keine Grenzen gesetzt.

4. Akt: Unangenehme Fragen
Nun werden die Fragen noch ein wenig unangenehmer. Im Folgenden geben wir Ihnen Hinweise, wie Sie mit solchen Stressfragen umgehen können (S. 78 ff.), hier schon mal einige Beispiele dafür:

- *Warum glauben Sie, sind Sie der Richtige für dieses Studienfach?*
- *Glauben Sie, dass Ihre naturwissenschaftlichen Grundkenntnisse für ein Studium der Biologie ausreichen?*
- *Sie wollen Wirtschaft studieren. Lesen Sie regelmäßig den Wirtschaftsteil der Tageszeitung, und welche Themen können Sie uns nennen, die in den vergangenen Tagen in den Wirtschaftsnachrichten schwerpunktmäßig behandelt wurden?*
- *Sie wollen Psychologie studieren. Fühlen Sie sich stark genug, ein Berufsleben lang anderen Menschen dabei zu helfen, ihre Probleme zu lösen?*
- *Welche Rolle spielen für Sie Status und Gehalt?*

Diese Fragen bohren ziemlich tief und sind so unangenehm wie ein Gang zum Zahnarzt. Aber Sie sollten sich auf diese Fragen einstellen, weil sie für die fragende Seite ein wichtiger Indikator sind, ob Sie überhaupt Interesse an dem Studienfach haben und ob Ihr Interesse nicht nur oberflächlicher Art ist, ob Sie gute Schulnoten in den für das Studienfach wichtigen Fächern vorweisen können, ob Sie motiviert und leistungsorientiert sind und ob Sie auch eine realistische Vorstellung von dem Studienfach und einem möglichen späteren Beruf haben. Kurzum, im dritten und vor allem im vierten Akt wird geprüft, ob Sie der passgenaue Bewerber für den Studienplatz sind, um den Sie sich bewerben.

5. Akt: Sie kommen zu Wort

Typische Fragen sind: *Haben Sie noch Fragen an uns?*, *Gibt es noch etwas, was wir von Ihnen wissen sollten?* Halten Sie diesen Teil des Auswahlgespräches nicht für eine vorweggenommene Verabschiedung. Hier sind noch viele Punkte zu holen. Wenn Sie die Frage: *Haben Sie noch Fragen an uns?*, mit *Nein* beantworten, dann verpassen Sie die Chance, Ihre Motivation für das Studienfach und die Hochschule noch einmal so richtig unter Beweis zu stellen. Natürlich haben Sie noch jede Menge Fragen:

- *In welche Berufe gehen die Absolventen dieses Studiengangs bevorzugt?*
- *Gibt es genügend Praktikumsplätze?*
- *Mit welchen ausländischen Hochschulen bestehen Austauschprogramme?*
- *Wie hoch ist der Anteil der ausländischen Studierenden in dem Fach?*

Auch hier sind Ihrer Fantasie keine Grenzen gesetzt. Überschütten Sie das Auswahlgremium natürlich nicht mit all diesen Fragen, sondern suchen Sie sich einige aus, mit denen Sie gezielt Ihre Studienmotivation und Ihr Interesse an der Hochschule zum Ausdruck bringen. Auch bei der Frage: *Gibt es noch etwas, was wir von Ihnen wissen sollten?*, ist Ihr Einfallsreichtum gefragt. Berichten Sie von Ihrem außerschulischen Engagement und von Schlüsselerlebnissen, anhand derer Sie sich für dieses Studienfach entschieden haben.

6. Akt: Gesprächsabschluss

Zum Abschluss des Gespräches ist es üblich, dass Ihnen der Vorsitzende des Auswahlgremiums mitteilt, bis wann eine Entscheidung erfolgt und wie das weitere Procedere ist. Vielleicht wird Ihnen bereits ein erstes Resümee vermittelt. Da Sie aber nicht der einzige Kandidat sind, sondern die Entscheidung erst erfolgt, wenn der letzte Kandidat seinen Auftritt hatte, sollten Sie dieses erste Resümee aber nicht überbewerten. Es gilt jetzt abzuwarten. Auch hier können Sie noch Punkte sammeln, indem Sie, im Gegensatz zur Gesprächseröffnung, auf die Fragenden zugehen und Ihnen mit Händedruck für das angenehme Gespräch danken. Dieser letzte positive Eindruck wird Ihnen, wenn es vorher gut lief, den Weg in die Wunschhochschule öffnen.

Schwierige Fragen souverän meistern

Die oben beschriebenen sechs Akte sind normalerweise Bestandteil eines jeden Auswahlgesprächs. Es können, je nach Studienfach, Hochschule und Auswahlkommission, noch Bereiche hinzukommen, um etwas über Ihre soziale Kompetenz, Ihre Fähigkeit, mit Konflikten umzugehen, und über Ihre Kontaktfähigkeit in Erfahrung zu bringen. Auch um Ihre Findigkeit bei der Informationsbeschaffung und Ihr Organisationstalent zu testen, können im Laufe des Auswahlgesprächs einige situative Fragen gestellt werden. Einige Beispiele:

- *Haben Sie schon eine Situation erlebt, in der Sie mit einem besonders schwierigen Menschen zurechtkommen mussten, und wie haben Sie diese gemeistert?*
- *Sie benötigen für eine Seminararbeit dringend Zahlen über Rüstungsverkäufe von deutschen Unternehmen. Wie besorgen Sie sich diese Zahlen?*
- *Hatten Sie schon einmal Konflikte mit einem Ihrer Lehrer, und wie haben Sie diese gelöst?*

In einigen Fällen könnte auch von Ihnen verlangt werden, sich in die Rolle Ihres Gegenübers zu versetzen. Damit will man Ihr Einfühlungs- und Argumentationsvermögen, Ihre Flexibilität, Ihre Überzeugungskraft und Ihre Initiative testen.

- *Nehmen Sie an, Sie säßen auf meiner Seite, ich auf Ihrer, welche Fragen würden Sie mir im Hinblick auf Studieneignung und Motivation stellen?*
- *Sie müssten aus einhundert Bewerbungen zwanzig Personen auswählen. Nach welchen Gesichtspunkten würden Sie dabei vorgehen?*
- *Wie stehen Sie zu Studiengebühren?*
- *Sollten die Anforderungen an das Abitur erhöht oder herabgesetzt werden?*

In den letzten beiden Fragen wird vordergründig nach Ihrer persönlichen Meinung gefragt, aber den Fragenden geht es mehr darum, Ihr analytisches und vernetztes Denken, Ihr kritisches Urteilsvermögen, Ihren Einfallsreichtum, Ihre sprachliche Gewandtheit, Ihre Belastbarkeit bei unangenehmen Fragen und die Schnelligkeit Ihrer Antwort zu prüfen.

Gehen Sie deshalb schnelle Mittelwege; liefern Sie besser keine aufwändige Argumentation für Positionen, die Sie nicht wirklich vertreten, und kein ausführliches Plädoyer für Ihre Weltanschauung. Argumentieren Sie ganz einfach: *Dieses Thema ist umstritten. Die Befürworter argumentieren wie folgt: ... Die Gegner vertreten die folgende Position ...* Beantworten Sie solche Fragen mittels einer Analyse, die Pro und Contra nennt und die Argumente abwägt.

Damit Sie sich eine Vorstellung machen können, was die gegenübersitzende Seite mit bestimmten Fragen über Sie in Erfahrung bringen oder aus Ihnen »herauskitzeln« möchte, finden Sie im Folgenden einige Beispiele (vgl. auch die Informationen aus dem Buch von Peter Krammer, s. Verzeichnis der verwendeten Materialien) mit Hinweisen, wie Sie angemessen auf solche Fragen reagieren können:

Frage: *Warum möchten Sie ausgerechnet bei uns studieren?*

Intention der Frage: Man will wissen, ob Sie sich gut vorbereitet und auch schon Gedanken über mögliche Berufe gemacht haben.

Mögliche Antwort: *Ich habe die Ausbildungsalternativen gründlich überdacht und bin zu dem Ergebnis gekommen, dass Ihr Studiengang mich aus folgenden Gründen am besten auf meine beruflichen Ziele vorbereitet.*

Frage: *Was gefiel Ihnen oder was missfiel Ihnen an der Schule?*

Intention der Frage: Damit will man herausfinden, ob Sie schlecht über Ihre ehemalige Schule oder deren Lehrer sprechen.

Mögliche Antwort: Erzählen Sie nur von den positiven Dingen und verweilen Sie nicht kritisch bei einzelnen Personen, die die Interviewer ohnehin nicht kennen.

Frage: *Wie finanzieren Sie Ihr Studium?*

Intention der Frage: Man will wissen, ob Sie sich über die Finanzierung Gedanken gemacht haben.

Mögliche Antwort: Antworten Sie klar, dass Ihre Eltern das Studium finanzieren, Sie BAföG bekommen, ein Stipendium erhalten werden oder Sie sich in den Semesterferien etwas durch Studentenjobs hinzuverdienen wollen. Wenn Sie Ihr Studium überwiegend durch »Jobben« finanzieren müssen, erwähnen Sie dies hier nicht, weil es den Eindruck erweckt, dass Sie irgendwann in einen Konflikt zwischen der Anwesenheit bei den Lehrveranstaltungen und dem Geldverdienen geraten.

Frage:	Falls Sie bereits ein anderes Fach studiert haben, müssen Sie sich auf die unangenehme Frage einstellen: *Warum möchten Sie Ihr Studienfach wechseln?*
Intention der Frage:	Man will herausfinden, ob Sie über eine realistische Planung, Ausdauer und Durchhaltevermögen verfügen.
Mögliche Antwort:	Sie sollten offen über die Probleme sprechen. Zum Beispiel, dass Sie falsch beraten wurden oder dass Sie eine Fehleinschätzung getroffen haben. Sie sollten aber nicht negativ über die bisherigen Erfahrungen berichten. Versuchen Sie, die Kurve zu kriegen, indem Sie eine Verbindung von Ihrem bisherigen zu Ihrem künftigen Studium sowie Ihrem Können, Ihren Interessen und Begabungen herstellen.
Frage:	*In welchem Bereich haben Sie bisher besondere Initiativen gestartet?*
Intention der Frage:	Man will wissen, ob Sie eher ein Macher oder ein passiver Mensch sind.
Mögliche Antwort:	Erläutern Sie anhand eines Beispiels, wo und wann Sie Initiative gezeigt haben und damit erfolgreich waren.
Frage:	*Schildern Sie uns eine schwierige Situation und wie Sie sie gelöst haben.*
Intention der Frage:	Die andere Seite möchte in Erfahrung bringen, ob Sie mit schwierigen Situationen gut umgehen können.
Mögliche Antwort:	Bringen Sie ein Beispiel aus der Schule, wie Sie mit einer schwierigen Situation fertig geworden sind.

Frage: *Was ist Ihre größte Schwäche?*

Intention der Frage: Geben Sie Schwächen zu? Sind diese Schwächen für den Studiengang relevant?

Mögliche Antwort: Keinesfalls sollten Sie Schwächen, die einen Bezug zum Studiengang haben, eingestehen. Sie sollten Schwächen dort zugeben, wo sie für den Studiengang nicht relevant sind.

Frage: *Können Sie auch unter Zeitdruck arbeiten?*

Intention der Frage: Dahinter steht die Frage, ob und wie weit Sie belastbar sind.

Mögliche Antwort: *Natürlich. Ich kann unter Zeitdruck gut arbeiten und ich habe bisher auch immer Zeitvorgaben eingehalten.* (Bringen Sie hier **ein** Beispiel, aber nicht mehr.)

Frage: *Beschreiben Sie, wie Sie mit einer Situation umgegangen sind, in der Sie oder Ihre Arbeit kritisiert wurde.*

Intention der Frage: Können Sie Fehler eingestehen und auch mit Kritik umgehen?

Mögliche Antwort: Beschreiben Sie eine Situation, aus der deutlich wird, dass Kritik nichts Schlechtes ist, sondern hilft, etwas besser machen zu können.

Frage: *Wie schätzen Sie Ihre Leistungsfähigkeit ein?*

Intention der Frage: Man will herausfinden, ob Sie so etwas wie ein Zeitmanagement haben oder ob Sie Dinge eher dem Zufall überlassen.

Mögliche Antwort: Argumentieren Sie, dass Sie ein klares Zeitmanagement haben, schildern Sie, wie Sie sich auf eine Klausur vorbereiten.

Frage: *Welche sind Ihre größten Stärken?*

Intention der Frage: Haben Sie sich überhaupt Gedanken gemacht? Sind diese Stärken für den geplanten Studiengang relevant? Können Sie überzeugend auf die Frage antworten?

Mögliche Antwort: *Meine Stärken sind ...* (und dann aufzählen, erstens, zweitens, drittens...)

Frage:	*Stehen eher Ihre persönliche Zufriedenheit oder der berufliche Aufstieg im Zentrum Ihrer Interessen?*
Intention der Frage:	Sind Sie »karrieregeil« oder »freizeitsüchtig«?
Mögliche Antwort:	Argumentieren Sie, dass beides, berufliches Vorankommen und persönliche Zufriedenheit, keine Widersprüche sein müssen. Im Vordergrund sollte die persönliche Zufriedenheit im Beruf stehen. Über berufliche Aufstiegsmöglichkeiten haben Sie sich noch keine vertieften Gedanken gemacht. Sie wollen erst erfolgreich studieren, um dann in den Beruf starten und sich dort bewähren zu können.

Frage:	*Arbeiten Sie lieber allein oder in der Gruppe? Was verstehen Sie unter Zusammenarbeit?*
Intention der Frage:	Man will herausfinden, ob Sie ein Teammensch oder ein Einzelkämpfer sind.
Mögliche Antwort:	*Ich fühle mich im Team sehr wohl, arbeite aber innerhalb eines Teams auch gerne selbständig. Im Vordergrund stehen aber bei mir mein Beitrag, den ich für das Team leisten kann, und das Ergebnis der Mannschaft.*

Frage:	*Was interessiert Sie an Berufen, für die Sie durch unseren Studiengang qualifiziert werden möchten?*
Intention der Frage:	Erfragt werden soll, ob Sie sich Gedanken über Ihren späteren Beruf gemacht haben.
Mögliche Antwort:	Hier können Sie sich zurückhalten, da Sie erst einmal studieren und erst danach arbeiten möchten. Pluspunkte bringt es aber, wenn Sie wissen, für welche Berufe dieser Studiengang qualifiziert (nennen Sie einige mögliche Berufe), und wenn Sie zeigen können, dass Sie sich schon ein paar Gedanken über Ihren künftigen Beruf gemacht haben.

Frage:	*Nennen Sie uns einige Bereiche, die Ihnen besonders schwer fallen, und erklären Sie, warum.*
Intention der Frage:	Hier wird kräftig in Ihren Schwächen gebohrt.

Mögliche Antwort:	Machen Sie aus dem Auswärtsspiel ein Heimspiel und nennen Sie einige Bereiche, die Ihnen eher schwer fallen, z. B. handwerkliches Geschick oder Reparaturen von Geräten (aber nicht bei technischen Studiengängen) oder Kochen usw.
Frage:	*Warum sollten wir die anderen Bewerber nicht aufnehmen?*
Intention der Frage:	Wie reden Sie über andere? Haben Sie genügend Selbstbewusstsein?
Mögliche Antwort:	*Ich kenne meine Mitbewerber nicht und muss es natürlich Ihrer Entscheidung überlassen, wen Sie auswählen. Ich gehe davon aus, dass auch die anderen sehr qualifiziert sind und dass die Auswahl für Sie sicher nicht einfach sein wird. Ich kann Ihnen nur Argumente nennen, warum Sie mich nehmen sollten.*
Frage (bei Gruppengesprächen):	*Wie haben Ihre Mitbewerber auf Sie gewirkt?*
Intention der Frage:	Intendiert ist, Ihre Einschätzung herauszufinden, wie Sie sich in Relation zu Ihren Mitbewerbern einschätzen und wie Sie über diese sprechen.
Mögliche Antwort:	*Ich habe meine Mitbewerber als sehr kompetent empfunden, vor allem Frau Soundso und Herrn Soundso.* Sagen Sie nichts Negatives über Ihre Konkurrenten!
Frage:	*Haben Sie sich auch an einer anderen Hochschule beworben?*
Intention der Frage:	Hier wird getestet, ob Sie ehrlich antworten und wie wichtig Ihnen dieser Studiengang ist.
Mögliche Antwort:	*Obwohl ich hoffe, dass ich von Ihnen die Zulassung zum Studium bekomme, habe ich mich auch bei der Hochschule x für das Studienfach beworben. Ich würde aber, sollte ich zwei Zulassungen erhalten, den Studienplatz an Ihrer Hochschule bevorzugen.*

Frage: *Wir haben bisher schlechte Erfahrungen mit Studenten gemacht, die von Ihrer Schule kommen.*

Intention der Frage: Gestestet wird, ob Sie auf diesen kollektiven Angriff gelassen reagieren können.

Mögliche Antwort: *Ich weiß nicht, wer von meiner Schule hier früher studiert hat. Ich kann Ihnen nur versichern, dass ich mich nach reiflicher Überlegung für diesen Studiengang beworben habe und dass ich glaube, alle Voraussetzungen zu haben, das Studium erfolgreich abschließen zu können. Vielleicht gelingt es mir, das bisher schlechte Image meiner Schule durch meine Leistungen zu verbessern.*

Frage: *Was wissen Sie von unserer Hochschule bzw. dem Studiengang? Wann haben Sie zum ersten Mal hiervon gehört?*

Intention der Frage: Man will herausfinden, wie gut Sie vorbereitet sind, ob Sie wissen, wofür Sie sich bewerben und ob diese Bewerbung eher eine Spontanaktion ist.

Mögliche Antwort: *Ich habe mich sehr auf das Abitur konzentriert und mich danach sehr ausführlich informiert. Auf Ihre Hochschule und Ihr Studienplatzangebot bin ich vor etwa fünf Monaten aufmerksam geworden. Ich habe mich anschließend im Internet hierüber informiert, mir dann die Studienordnung besorgt und habe einige Wochen später die allgemeine Studienberatung und Ihre Fachstudienberatung aufgesucht.*

Frage: *Würden Sie sich in einem anderen Studiengang nicht wohler fühlen?*

Intention der Frage: Man will wissen, ob Sie Ihre Bewerbung gut durchdacht haben.

Mögliche Antwort: *Es geht mir weniger um das Wohlfühlen. Ich weiß ziemlich genau, was ich möchte und welche Herausforderung auf mich zukommt. Ich möchte mich mit diesem Studiengang optimal auf mein künftiges Berufsziel vorbereiten.*
Nennen Sie an dieser Stelle ein oder zwei mögliche Berufsziele.

Frage:	*Wie viele Stunden, schätzen Sie, müssen Sie pro Woche für das Studium aufbringen?*
Intention der Frage:	Getestet werden soll, ob Sie sich informiert haben und ob Ihre Einschätzung vernünftig ist.
Mögliche Antwort:	*Nach Ihrer Studienordnung sind in den ersten Semestern ca. 20–25 Stunden an Lehrveranstaltungen zu absolvieren. Ich schätze, dass weitere 10–15 Stunden für die Vor- und Nachbereitung der Lehrveranstaltungen anfallen. In den Wochen, in denen Klausuren geschrieben werden, werden noch mal einige Stunden Prüfungsvorbereitung hinzukommen.*

Frage:	*Welche Entscheidungen fallen Ihnen schwer?*
Intention der Frage:	Man will Ihre Schwächen herausfinden.
Mögliche Antwort:	Nehmen Sie kein Beispiel mit Bezug auf das künftige Studium. Erzählen Sie lang und breit, dass Sie sich in Kürze ein Auto zulegen wollen; Sie sind dabei, sich Gedanken um die Anschaffungs- und Unterhaltskosten des Autos zu machen, um sich dann zu entscheiden, ob Sie sich das Auto leisten können.

Frage:	*Mit welchen Menschen sind Sie gern/ungern zusammen?*
Intention der Frage:	Man will herausfinden, welche Menschen Sie mögen und welche nicht.
Mögliche Antwort:	*Gerne bin ich mit ehrlichen, freundlichen und kompetenten Menschen zusammen. Bisher habe ich wenig Erfahrung mit unangenehmen Menschen. Aber, selbst wenn mir ein Mensch wenig sympathisch ist, würde ich versuchen, im Interesse der Sache mit ihm konstruktiv zusammenzuarbeiten.*

Frage:	*Aus welchem Grund sollten wir gerade Sie auswählen?« Oder alternativ: »Was bieten Sie, was andere Bewerber nicht bieten können?*
Intention der Frage:	Diese Fragen sind fies, weil sie testen wollen, ob Sie von sich und Ihren Zielen überzeugt sind.

Mögliche Antwort:	Reagieren Sie gelassen und sachlich. Zwei Antwortmöglichkeiten sind: *Ich erfülle, nach meiner Einschätzung, all die Qualifikationen, die Sie für diesen Studiengang voraussetzen.* (Nennen Sie anschließend Ihre Qualifikationen.) Oder Sie nehmen die Gegenseite auseinander, indem Sie argumentieren: *Ich habe Ihr Informationsmaterial sehr gründlich gelesen, dies mit meinen bisherigen Stärken in der Schule verglichen und bin zu dem Ergebnis gekommen, dass meine Voraussetzungen und Qualifikationen optimal mit Ihren Anforderungen übereinstimmen.*
Frage:	*Sollten wir Ihre Bewerbung nicht berücksichtigen können, was machen Sie dann?*
Intention der Frage:	Auch wenn Sie der letzte Bewerber sind, zu diesem Zeitpunkt weiß auch die Gegenseite noch nicht, wen sie aufnimmt. Deshalb ist diese Frage eher suggestiv und soll noch einmal Ihre Motivation für das Studium ergründen.
Mögliche Antwort:	Bleiben Sie hart und verweisen Sie nicht darauf, dass Sie sich ja an anderer Stelle auch beworben haben, sonst schwächen Sie Ihre Position: *Ich wünsche mir sehr, das Aufnahmeverfahren an Ihrer Hochschule zu schaffen, und hoffe, alles gegeben zu haben, um dies zu erreichen. Schließlich geht es für mich darum, eine optimale Ausbildung für die Verwirklichung meiner beruflichen Ziele zu bekommen, und ich glaube, dass ich diese am ehesten an Ihrer Hochschule bekomme. Ich würde mich freuen, wenn Sie mir die Möglichkeit geben würden, bei Ihnen studieren zu dürfen. Ich hoffe, dass es mir gelungen ist, Sie von der Ernsthaftigkeit meiner Bewerbung und meinem Interesse an dem Studiengang zu überzeugen. Ich danke Ihnen sehr herzlich für die Einladung zu dem Auswahlgespräch und danke Ihnen ebenso herzlich für die angenehme Atmosphäre.*

Möglicherweise müssen Sie sich im Auswahlgespräch mit einigen besonders unangenehmen Fragen oder Aussagen auseinander setzen, die wir ebenfalls, anhand von Erfahrungen mit Auswahlgesprächen in Österreich (s. hierzu auch das Buch von Peter Krammer), auflisten. Sie werden aber im ungünstigsten Fall meist nur mit einer oder einigen wenigen davon »belästigt«. Wenn Sie all das beherzigen, was Sie bisher in diesem Buch über das Auswahlgespräch gelesen haben, dann bleibt Ihnen eine solche Frage wahrscheinlich erspart.

- *Sie stellen dauernd Gegenfragen und beantworten die Ihnen gestellten Fragen nur unzureichend.*

- *Ihr Wissen über die Hochschule und/oder den Studiengang ist unzureichend, und wir haben den Eindruck, dass Sie sich nicht im Klaren darüber sind, wofür Sie sich beworben haben.*

- *Sie qualifizieren Ihre Mitbewerber ab als mittelmäßig oder ganz nett. Machen Sie das auch sonst so?*

- *Wir haben den Eindruck, dass Sie kein Berufsziel haben und auch keine klare Vorstellung vom Studium.*

- *Sie begründen schlechte Schulnoten mit der Schuld der Lehrer.*

- *Kann es sein, dass Sie den Zeitaufwand für das Studium falsch einschätzen?*

- *Sie profilieren sich als Mensch mit »Ellbogentaktik« statt als Teamspieler.*

- *Sie zögern ziemlich lang bei der Beantwortung der Fragen. Ihre Antworten sind untereinander nicht ›stimmig‹.*

- *Bei schwierigen Fragen reagieren Sie angegriffen und schlagen verbal zurück.*

- *Ihre Antworten sind eher oberflächlich. Sie bringen keine Beispiele und wenig Fakten.*

- *Sie haben unrealistische Berufsvorstellungen (z.B. Manager direkt nach dem Studium).*

- *Sie kennen keine Unternehmen, die in der Branche tätig sind, für die der Studiengang qualifiziert.*

Für die Beantwortung dieser Stressfragen gilt durchgängig: Lassen Sie sich nicht provozieren und antworten Sie sachlich und nicht emotional. Schießen Sie auf keinen Fall mit gleichem Kaliber zurück. Auch wenn Sie gerne sagen würden: *Ich würde ja gerne antworten, wenn Sie mich mal ausreden lassen würden,* oder *Stellen Sie mal konkrete und nicht so schwammige Fragen.* Unterlassen Sie solche Gegenattacken. Bleiben Sie cool! Die Leitlinie muss sein, das tiefe Interesse und die Qualifikationen für den gewünschten Studiengang herauszustellen und dieses auch mit Bestimmtheit vorzutragen. Zeigen Sie sich selbstbewusst und nicht erschütterbar in Ihrem Studienwunsch.

Das Gruppengespräch

Beim Einzelinterview stehen Sie allein einer Gruppe von Fragenden gegenüber. Im Gruppengespräch werden gleichzeitig mehrere Bewerber getestet. Das Gruppengespräch/Gruppeninterview unterscheidet sich inhaltlich nicht vom Einzelgespräch/Einzelinterview. Sie dürfen die gleichen Fragen erwarten, doch dauert dieses Gespräch, weil mehrere Bewerber zu Wort kommen sollen, etwa doppelt bis dreimal so lange.

Mit wie viel Studienbewerbern das Gruppengespräch abläuft, kann recht unterschiedlich sein. Als Anhaltspunkt sollten Sie davon ausgehen, dass drei, maximal vier Bewerber gleichzeitig dem Auswahlgremium gegenüberstehen.

Beim Gruppengespräch gilt es, eine eiserne Regel zu beachten: Beim Gruppengespräch geht es nicht darum, wer von den drei oder vier Kandidaten am besten abschneidet, sondern es handelt sich ganz einfach um ein gleichzeitiges Gespräch mit mehreren Personen. Machen Sie also auf keinen Fall den Fehler, dass Sie sich zu einem Wettkampf herausgefordert fühlen und sich auf Kosten der anderen Bewerber zu profilieren versuchen. Dies kann sich negativ auf Ihre Bewerbung auswirken. Wenn Sie also nur darauf warten, dass ein Bewerber eine Frage nicht schnell oder gut genug beantwortet, um gleich nach vorne zu preschen mit einer besseren Antwort, wenn Sie Mitbewerbern ins Wort fallen, während diese sprechen, und wenn Sie überhaupt den Eindruck erwecken, Sie wollten die Mitkonkurrenten verbal überfahren, dann sammeln Sie auch mit guten Antworten Minuspunkte bei den Mitgliedern des Auswahlgremiums. Denn diese sind nicht zusammengekommen, um den durchsetzungsfähigsten, lautstärksten Bewerber auszusuchen, sondern den mit der für das Fach notwendigen Begabung und hoher Studienmotivation. Einzelgängertum ist in keinem Studium gefragt, sondern soziale Kompetenz, und die stellen Sie nicht dadurch unter Beweis, dass Sie Ihre Mitkonkurrenten verbal niederknüppeln. Also unterlassen Sie bitte alles, was diesen Eindruck hervorrufen oder verstärken könnte. Gehen Sie das Gruppengespräch so an, als führten Sie ein Einzelinterview. Dies hat außerdem den Vorteil, dass Sie sich, während die anderen reden, auf die nächste Frage vorbereiten oder sich zu einer vorherigen Frage ein paar Argumente einfallen lassen können, die Sie, wenn Sie wieder an der Reihe sind, am Anfang noch kurz vortragen können.

Natürlich wird die Auswahlkommission ein klein wenig zwischen den Bewerbern vergleichen, wer am stärksten bzw. am schwächsten gewesen ist. Aber das ist nur eine Momentaufnahme, besser der Schwächste in der stärksten Gruppe als der Stärkste in der schwächsten Gruppe.

Gruppengespräche haben häufig nicht die Funktion des Auswählens, sondern werden aus rein praktischen Gründen eingerichtet. Wenn eine Hochschule in wenigen Tagen dutzende oder gar hunderte von Bewerbern für ein Auswahlgespräch vorgesehen hat, kann dies den zeitlichen Rahmen, den die Auswahlkommission zur Verfügung hat, schnell sprengen. Vergessen Sie bitte nicht, dass diejenigen, denen Sie im Auswahlgespräch gegenübersitzen, dies nicht hauptberuflich tun, sondern Hochschullehrer/-innen mit weitreichenden Aufgaben in Lehre und Forschung sind. Die Auswahl der Bewerber für die Studienplätze ist eine zusätzliche zeitliche Belastung, nicht nur für die Bewerber, sondern auch für das Auswahlgremium.

Das Gespräch mit Referat

Hierbei handelt es sich nicht um ein separates Auswahlverfahren, sondern um eine Ergänzung zu einem Einzelgespräch oder Gruppengespräch. Zu Beginn des Auswahlgesprächs erhalten alle Bewerber entweder ein Thema oder können sich aus mehreren Themen eines aussuchen, über das sie dann, nach einer entsprechenden Vorbereitungszeit (ca. 15–30 Minuten), vor der Auswahlkommission einige Minuten frei referieren müssen. Die Themen sind den Bereichen Allgemeinbildung, Aktualität, oder dem Studienfach, für das Sie sich bewerben, entnommen.

Hierzu einige Beispiele:

a) Themen aus dem Bereich Allgemeinbildung:

- *Welche Rolle spielt Bildung noch in unserer Gesellschaft?*
- *Skizzieren Sie die Entwicklungen in Deutschland seit der Wiedervereinigung.*
- *Was würden Sie, wenn Sie Kultusminister wären, am deutschen Schulsystem ändern?*

b) Aktuelle Fragen:

- *Worin sehen Sie die Ursache für die Radikalisierung in den islamischen Ländern?*
- *Welche Vor- und Nachteile hätte die Wahl des Bundespräsidenten durch das Volk?*
- *Was könnte, nach Ihrer Meinung, im Umweltschutz geändert oder verbessert werden?*

c) Fachspezifische Fragen
   (am Beispiel einer Bewerbung um einen Studienplatz in den Wirtschaftswissenschaften):

- *Wie beurteilen Sie die derzeitigen Diskussionen um Arbeitsmarktreformen?*
- *Wie hat sich die Börse in den vergangenen Jahren entwickelt, und welche Prognose würden Sie für die nächsten Jahre wagen?*
- *Wie bewerten Sie die derzeitige Tendenz, dass immer mehr Firmen von anderen Firmen übernommen werden? Sehen Sie hierin eher Vorteile oder Nachteile?*

Sie sind noch aus Ihrer Schulzeit gewöhnt, Kurzreferate zu halten. Wenn Ihnen die Möglichkeit gegeben wird, Stichworte zu Ihrem Kurzvortrag zu machen, nehmen Sie diese Möglichkeit in Anspruch. Schreiben Sie sich einzelne Punkte auf, in der Reihenfolge, in der Sie Ihre Gedanken vortragen wollen. Sollten Hilfsmittel nicht erlaubt sein, bleibt Ihnen Ihr Kopf als Merkzettel. Notieren Sie sich gedanklich, welche Argumente Sie vortragen wollen und in welcher Reihenfolge.

Gehen Sie am Anfang Ihres Kurzreferates direkt auf das Thema des Kurzvortrages ein, da Sie nur wenig Zeit haben, vergeuden Sie sie nicht mit langen Vorüberlegungen, Definitionen oder Argumenten, die nicht direkt mit dem Thema zu tun haben. Beziehen Sie klar Position. Nicht Ihre politische Ansicht wird geprüft, sondern die Fähigkeit, eine Meinung mit guten Argumenten vorzutragen. Vermeiden Sie aber umgekehrt provokative Thesen, die Sie nicht oder nur mit schwachen Argumenten belegen können. Versuchen Sie umgekehrt, das Thema von verschiedenen Seiten anzugehen, nach dem Motto: *Ein Teil der Bevölkerung sieht das mit den Argumenten so ..., ein anderer Teil anders.* Oder: *Dafür sprechen folgende Argumente ..., für die Gegenposition sprechen folgende andere Argumente.* Nach Vortrag von Pro- und Contra-Argumenten sollten Sie aber gegen Ende Ihre eigene Meinung kundtun und diese mit ein paar Sätzen abschließend erläutern.

Jeder ist bei einem Kurzvortrag, gerade wenn es um so etwas Wichtiges wie den Studienplatz geht, nervös. Versuchen Sie, die Nervosität zu überbrücken, indem Sie ruhig, langsam und durchdacht argumentieren. Verhaspeln Sie sich nicht in Teilgedanken. Bilden Sie unter allen Umständen kurze Sätze. Bandwurmsätze, bei denen Sie am Ende nicht mehr wissen, was Sie am Anfang gesagt haben, oder Sie nicht mehr wissen, welches Verb Sie verwenden müssen, sollten Sie vermeiden. Und der wichtigste Tipp: Üben Sie, wenn Sie in Erfahrung gebracht haben, dass ein Referat Bestandteil des Auswahlgespräches ist, dieses anhand von Beispielen vor Ihrer Familie, Bekannten oder Freunden und hören Sie auf deren Feedback und Einschätzung. Auch wer rhetorisch nicht übermäßig begabt ist, kann mit einigem Üben eine souveräne Vorstellung zustande bringen.

Schriftliche Eignungs- und Studierfähigkeitstests

Bei den schriftlichen Eignungstests geht es um Tests, mit denen versucht wird, etwas über Ihre Persönlichkeit zu erfahren oder bestimmte Voraussetzungen abzufragen, die für das Studium eines Faches von besonderer Wichtigkeit sind. Deshalb beschreiben wir Ihnen kurz die gängigen Tests und geben Ihnen Beispiele, wie Fragen bei solchen Tests aussehen können.

Solche Tests stehen nie allein, sondern sind so genannte Ergänzungstests, um das Bild eines Bewerbers / einer Bewerberin abzurunden. Sie entscheiden nicht allein über die Studienplatzvergabe, sondern können der Gesamtbeurteilung nur einige Plus- oder Minuspunkte hinzufügen.

Persönlichkeitstests

Diese Tests sollen nicht, wie das Wort suggeriert, Ihre Persönlichkeit testen, sondern sie sollen die Möglichkeit bieten, sich eine Vorstellung von Ihrem Charakter zu machen. Sie sollen, um einige Beispiele zu geben, ermitteln, ob Sie ein fleißiger, zielstrebiger Mensch sind, wie ausgeprägt Ihre sozialen Kompetenzen sind, ob Sie ein Einzelkämpfer oder ein teamorientierter Mensch sind, ob Sie kreativ und fantasievoll sind, wie Sie sich in bestimmten Situationen verhalten und wie Sie Lösungsstrategien für ein bestimmtes Problem entwickeln würden. Man verwendet solche Tests auch für die Ermittlung der so genannten »Soft Skills«, die neben den fachlichen Voraussetzungen für das jeweilige Studium oder den Beruf bestimmte wichtige Schlüsselqualifikationen ermitteln wollen.

Solche Schlüsselqualifikationen können sein:

- Kontaktfreude
- Teamorientierung
- Entscheidungsfreude
- körperliche Belastbarkeit
- handwerklich-technisches Geschick
- technisches Verständnis
- soziales Interesse / soziales Engagement

- Führungsfähigkeit
- Sprachgewandtheit
- Interesse am äußeren Erscheinen
- Verkaufsfähigkeit
- Ordnungssinn
- künstlerische Begabung und Kreativität
- Rechtsbewusstsein
- mathematisches Verständnis und logisch-abstraktes Denken
- naturwissenschaftliches Verständnis
- Seriosität
- Geldorientierung
- Naturverbundenheit
- didaktisches Geschick

An dieser Stelle haben wir einen umfangreichen Test aufgeführt, damit Sie die Möglichkeit haben, beispielhaft entsprechende Testfragen zu beantworten und anhand einer Selbsteinschätzung Ihre Schlüsselqualifikationen zu ermitteln.

Der Test besteht darin, dass Sie auf einer Skala von 1 bis 10 versuchen, sich bezüglich verschiedener vorgegebener Aussagen selbst einzuschätzen.

Hierzu ein Beispiel: Die Frage würde lauten: *Gehen Sie gerne ins Theater?* Sie kreuzen eine 4 an. Dies bedeutet, dass Sie offensichtlich nicht besonders gerne ins Theater gehen, aber Sie können sich auch noch unangenehmere Dinge vorstellen. Jemand, der kein Theaterstück auslässt, hätte bei dieser Frage sicher die 10 gewählt.

Für dieses Beispiel könnten die Zahlen insgesamt etwa folgendermaßen beschrieben werden:

1 = Ich gehe grundsätzlich nie ins Theater, alle anderen Dinge sind interessanter.
2 = Nur wenn es unbedingt sein muss, 1000 Dinge sind interessanter.
3 = Höchstens einmal im Jahr, das meiste ist interessanter.
4 = Recht selten, es gibt noch einige interessantere Dinge.
5 = Hin und wieder, eines unter vielen interessanten Dingen.
6 = Des Öfteren, interessante Sache.
7 = Regelmäßig, sehr interessant.
8 = Sehr gerne und oft, eins der interessantesten Dinge.
9 = Lasse kaum ein Theaterstück aus, nichts ist so interessant wie Theater.
10 = Absoluter Theaterfreak, möchte Tag und Nacht nur Theater sehen.

Test zur Ermittlung von Schlüsselqualifikationen

Beantworten Sie bei dem folgenden Test alle Fragen, auch wenn Ihnen einige komisch oder nicht wichtig erscheinen. Seien sie dabei vor allem sich selbst gegenüber ehrlich. Beschreiben Sie sich auf keinen Fall so, wie Sie gerne sein möchten, sondern versuchen Sie eine realistische Einschätzung Ihrer eigenen Person abzugeben.

1. Andere würden mich als sehr zuverlässig beschreiben.

    1   2   3   4   5   6   7   8   9   10
    stimmt nicht   stimmt voll und ganz

2. Ich habe oft kreative Ideen.

    1   2   3   4   5   6   7   8   9   10
    stimmt nicht   stimmt voll und ganz

3. Auch bei schwierigen mathematischen Aufgaben finde ich die richtige Lösung.

    1   2   3   4   5   6   7   8   9   10
    stimmt nicht   stimmt voll und ganz

4. Ich mag Leute nicht, die schlampig arbeiten.

    1   2   3   4   5   6   7   8   9   10
    stimmt nicht   stimmt voll und ganz

5. Wenn ich etwas erkläre, verstehen dies die anderen meist sehr schnell.

    1   2   3   4   5   6   7   8   9   10
    stimmt nicht   stimmt voll und ganz

6. Es macht mir Spaß, mich körperlich zu verausgaben.

    1   2   3   4   5   6   7   8   9   10
    stimmt nicht   stimmt voll und ganz

7. Auch Steuerhinterziehung ist eine Straftat, die geahndet werden sollte.

1	2	3	4	5	6	7	8	9	10
stimmt nicht							stimmt voll und ganz		

8. Wenn mein Fahrrad/Mofa kaputt ist, repariere ich es selbst.

1	2	3	4	5	6	7	8	9	10
stimmt nicht							stimmt voll und ganz		

9. Es fällt mir leicht, einen ganzen Tag lang körperlich zu arbeiten.

1	2	3	4	5	6	7	8	9	10
stimmt nicht							stimmt voll und ganz		

10. Ordnung muss sein, auch wenn dies manchen Menschen nicht passt.

1	2	3	4	5	6	7	8	9	10
stimmt nicht							stimmt voll und ganz		

11. Auf Partys stehe ich auch gerne mal im Mittelpunkt.

1	2	3	4	5	6	7	8	9	10
stimmt nicht							stimmt voll und ganz		

12. Es macht mir Spaß, etwas schriftlich zu formulieren.

1	2	3	4	5	6	7	8	9	10
stimmt nicht							stimmt voll und ganz		

13. Aufgaben, in denen logisches Denken gefordert ist, kann ich meist schnell lösen.

1	2	3	4	5	6	7	8	9	10
stimmt nicht							stimmt voll und ganz		

14. Bei einer Entscheidung endlos hin und her zu überlegen, ist nicht meine Sache.

1	2	3	4	5	6	7	8	9	10
stimmt nicht							stimmt voll und ganz		

15. Der Erfolg eines Teams ist entscheidender als der des Einzelnen.

1	2	3	4	5	6	7	8	9	10
stimmt nicht							stimmt voll und ganz		

16. Die wichtigste Auszeichnung für gute Arbeit ist eine ordentliche Bezahlung.

1	2	3	4	5	6	7	8	9	10
stimmt nicht							stimmt voll und ganz		

17. Eine Arbeit, bei der ich meine eigenen Ideen und meine Kreativität nicht voll einbringen kann, würde mir auf Dauer keinen Spaß machen.

1	2	3	4	5	6	7	8	9	10
stimmt nicht							stimmt voll und ganz		

18. Ich kann gut mit Geld umgehen.

1	2	3	4	5	6	7	8	9	10
stimmt nicht							stimmt voll und ganz		

19. Eine Fahrradfahrt durch die Natur würde ich jederzeit einem Autorennen vorziehen.

1	2	3	4	5	6	7	8	9	10
stimmt nicht							stimmt voll und ganz		

20. Es fällt mir leicht, auf andere Leute zuzugehen.

1	2	3	4	5	6	7	8	9	10
stimmt nicht							stimmt voll und ganz		

21. Es macht mir Spaß, anderen einen komplizierten Sachverhalt ausführlich zu erklären.

1   2   3   4   5   6   7   8   9   10
stimmt nicht   stimmt voll und ganz

22. Wenn etwas defekt ist, nehme ich es gerne auseinander, um zu sehen, wie es innen aussieht.

1   2   3   4   5   6   7   8   9   10
stimmt nicht   stimmt voll und ganz

23. Wenn ich bei einem anderen Menschen etwas erreichen will, kann ich sehr hartnäckig sein.

1   2   3   4   5   6   7   8   9   10
stimmt nicht   stimmt voll und ganz

24. Es würde mir Spaß machen, die Kunden unseres Unternehmens von den Vorzügen unserer Produkte zu überzeugen.

1   2   3   4   5   6   7   8   9   10
stimmt nicht   stimmt voll und ganz

25. Ich arbeite immer sehr ordentlich, auch wenn es dann etwas länger dauert.

1   2   3   4   5   6   7   8   9   10
stimmt nicht   stimmt voll und ganz

26. Es macht mir Spaß, mich gut zu kleiden.

1   2   3   4   5   6   7   8   9   10
stimmt nicht   stimmt voll und ganz

27. Ich bastele gerne.

1   2   3   4   5   6   7   8   9   10
stimmt nicht   stimmt voll und ganz

28. Wer anderen Menschen unrecht tut, muss vom Staat auch zur Rechenschaft gezogen werden.

1	2	3	4	5	6	7	8	9	10
stimmt nicht							stimmt voll und ganz		

29. Ich baue gerne Sachen zusammen.

1	2	3	4	5	6	7	8	9	10
stimmt nicht							stimmt voll und ganz		

30. Die naturwissenschaftlichen Fächer Physik, Chemie und Biologie gehören zu meinen Stärken.

1	2	3	4	5	6	7	8	9	10
stimmt nicht							stimmt voll und ganz		

31. Wenn ich mir etwas Größeres anschaffen wollte, hätte ich Spaß daran, mit dem Verkäufer einen besonders günstigen Preis auszuhandeln.

1	2	3	4	5	6	7	8	9	10
stimmt nicht							stimmt voll und ganz		

32. Ich bevorzuge einen ordentlichen, strukturierten Arbeitsstil.

1	2	3	4	5	6	7	8	9	10
stimmt nicht							stimmt voll und ganz		

33. Ich kann mich gut in andere Menschen hineinversetzen.

1	2	3	4	5	6	7	8	9	10
stimmt nicht							stimmt voll und ganz		

34. Die heutigen Menschen sind viel zu sehr von Technik geprägt und verstehen kaum noch etwas von der Natur.

1	2	3	4	5	6	7	8	9	10
stimmt nicht							stimmt voll und ganz		

35. Ich bin lieber mit anderen Leuten zusammen als allein.

1	2	3	4	5	6	7	8	9	10
stimmt nicht							stimmt voll und ganz		

36. Ich bin naturverbundener als die meisten Menschen.

1	2	3	4	5	6	7	8	9	10
stimmt nicht							stimmt voll und ganz		

37. Wenn ich mich für etwas entscheiden muss, geht das meistens sehr schnell.

1	2	3	4	5	6	7	8	9	10
stimmt nicht							stimmt voll und ganz		

38. Ich habe einen ausgeprägten Sinn für ästhetische Formen und Farben.

1	2	3	4	5	6	7	8	9	10
stimmt nicht							stimmt voll und ganz		

39. Ich habe Spaß an naturwissenschaftlichen Fragestellungen.

1	2	3	4	5	6	7	8	9	10
stimmt nicht							stimmt voll und ganz		

40. Es fällt mir leicht, mit unbekannten Menschen Kontakt aufzunehmen.

1	2	3	4	5	6	7	8	9	10
stimmt nicht							stimmt voll und ganz		

41. Ich kann andere Menschen gut von meiner Meinung überzeugen.

1	2	3	4	5	6	7	8	9	10
stimmt nicht							stimmt voll und ganz		

42. Die Sprache ist ein faszinierendes Ausdrucksmittel.

1	2	3	4	5	6	7	8	9	10
stimmt nicht								stimmt voll und ganz	

43. Ich habe mehr als andere Leute das Bedürfnis, Menschen in schwierigen Situationen zu helfen.

1	2	3	4	5	6	7	8	9	10
stimmt nicht								stimmt voll und ganz	

44. Es macht mir Spaß, bei der Arbeit meine Kreativität einzubringen.

1	2	3	4	5	6	7	8	9	10
stimmt nicht								stimmt voll und ganz	

45. Ich kann gut mit Werkzeugen umgehen.

1	2	3	4	5	6	7	8	9	10
stimmt nicht								stimmt voll und ganz	

46. Wenn zwei Leute sich streiten, spiele ich gerne die Rolle des Vermittlers.

1	2	3	4	5	6	7	8	9	10
stimmt nicht								stimmt voll und ganz	

47. Ich kann ziemlich gut zeichnen.

1	2	3	4	5	6	7	8	9	10
stimmt nicht								stimmt voll und ganz	

48. Ich kümmere mich gerne um mein gepflegtes Äußeres.

1	2	3	4	5	6	7	8	9	10
stimmt nicht								stimmt voll und ganz	

49. Ich lese gerne.

1	2	3	4	5	6	7	8	9	10
stimmt nicht								stimmt voll und ganz	

50. Ich mag Aufgaben, bei denen ich Schritt für Schritt überlegen muss und am Ende die richtige Lösung gefunden habe.

1	2	3	4	5	6	7	8	9	10
stimmt nicht								stimmt voll und ganz	

51. Es fällt mir leicht, mich sprachlich gewandt auszudrücken.

1	2	3	4	5	6	7	8	9	10
stimmt nicht								stimmt voll und ganz	

52. Es macht mir Spaß, verschiedene Wege zu überlegen und mich für einen zu entscheiden.

1	2	3	4	5	6	7	8	9	10
stimmt nicht								stimmt voll und ganz	

53. Ich mag Filme, in denen der Verbrecher überführt und zur Rechenschaft gezogen wird.

1	2	3	4	5	6	7	8	9	10
stimmt nicht								stimmt voll und ganz	

54. Mathematik gehört zu den Fächern, die ich mag.

1	2	3	4	5	6	7	8	9	10
stimmt nicht								stimmt voll und ganz	

55. Ich mag Leute nicht, die ständig etwas verlegen oder verschlampen.

1	2	3	4	5	6	7	8	9	10
stimmt nicht								stimmt voll und ganz	

56. Ich möchte in jedem Fall einmal viel Geld verdienen.

1	2	3	4	5	6	7	8	9	10

stimmt nicht   stimmt voll und ganz

57. Ich sehe gerne Dokumentarfilme über die Tier- und Pflanzenwelt.

1	2	3	4	5	6	7	8	9	10

stimmt nicht   stimmt voll und ganz

58. Ich setze mich gerne für Menschen ein, die in Schwierigkeiten sind.

1	2	3	4	5	6	7	8	9	10

stimmt nicht   stimmt voll und ganz

59. Es macht mir Spaß, Mathematikaufgaben zu lösen.

1	2	3	4	5	6	7	8	9	10

stimmt nicht   stimmt voll und ganz

60. Ich verrichte eine längere Arbeit lieber im Stehen als im Sitzen.

1	2	3	4	5	6	7	8	9	10

stimmt nicht   stimmt voll und ganz

61. Ich verstehe nur schwer, dass viele Leute so zögerlich sind, wenn sie sich für oder gegen etwas entscheiden sollen.

1	2	3	4	5	6	7	8	9	10

stimmt nicht   stimmt voll und ganz

62. Ich weiß genau, wie Kleidungsstücke farblich zusammenpassen.

1	2	3	4	5	6	7	8	9	10

stimmt nicht   stimmt voll und ganz

63. Ich würde lieber auf dem Land als in der Stadt leben.

1	2	3	4	5	6	7	8	9	10

stimmt nicht   stimmt voll und ganz

64. In Diskussionsrunden übernehme ich gerne eine führende Rolle.

    1   2   3   4   5   6   7   8   9   10
    stimmt nicht   stimmt voll und ganz

65. Kleine Reparaturen an technischen Geräten nehme ich gerne selbst vor.

    1   2   3   4   5   6   7   8   9   10
    stimmt nicht   stimmt voll und ganz

66. Ich arbeite lieber mit anderen zusammen als für mich allein.

    1   2   3   4   5   6   7   8   9   10
    stimmt nicht   stimmt voll und ganz

67. Körperlich bin ich stark belastbar.

    1   2   3   4   5   6   7   8   9   10
    stimmt nicht   stimmt voll und ganz

68. Ich schätze mich als ziemlich gesprächig ein.

    1   2   3   4   5   6   7   8   9   10
    stimmt nicht   stimmt voll und ganz

69. Kreativität ist eine der wichtigsten Eigenschaften eines Menschen.

    1   2   3   4   5   6   7   8   9   10
    stimmt nicht   stimmt voll und ganz

70. Ich kann meine eigenen Wünsche denen einer Gruppe unterordnen.

    1   2   3   4   5   6   7   8   9   10
    stimmt nicht   stimmt voll und ganz

71. Mannschaftssportarten sind mir lieber als Einzelsportarten.

    1   2   3   4   5   6   7   8   9   10
    stimmt nicht   stimmt voll und ganz

72. Ich habe Verständnis für die Probleme anderer.

1	2	3	4	5	6	7	8	9	10
stimmt nicht							stimmt voll und ganz		

73. Mathematische Probleme kann ich meist leicht lösen.

1	2	3	4	5	6	7	8	9	10
stimmt nicht							stimmt voll und ganz		

74. Mein Zimmer / Meine Wohnung ist fast immer aufgeräumt.

1	2	3	4	5	6	7	8	9	10
stimmt nicht							stimmt voll und ganz		

75. Naturwissenschaftliche Experimente finde ich faszinierend.

1	2	3	4	5	6	7	8	9	10
stimmt nicht							stimmt voll und ganz		

76. Ohne Gesetze würde die Menschheit in einem Chaos leben.

1	2	3	4	5	6	7	8	9	10
stimmt nicht							stimmt voll und ganz		

77. Ich bin ordnungsliebender als die meisten anderen meines Alters.

1	2	3	4	5	6	7	8	9	10
stimmt nicht							stimmt voll und ganz		

78. Raffinierte technische Geräte faszinieren mich.

1	2	3	4	5	6	7	8	9	10
stimmt nicht							stimmt voll und ganz		

79. Schwere Lasten zu heben, macht mir nichts aus.

1	2	3	4	5	6	7	8	9	10
stimmt nicht							stimmt voll und ganz		

80. Ich kann äußerst verschwiegen sein.

    1   2   3   4   5   6   7   8   9   10
stimmt nicht   stimmt voll und ganz

81. Schwierige mathematische Aufgaben sind für mich eine Herausforderung, die ich gerne annehme.

    1   2   3   4   5   6   7   8   9   10
stimmt nicht   stimmt voll und ganz

82. Ich finde, dass viele Leute sich zu wenig um ihr Aussehen kümmern.

    1   2   3   4   5   6   7   8   9   10
stimmt nicht   stimmt voll und ganz

83. Sehr viele Menschen geraten unverschuldet in Not.

    1   2   3   4   5   6   7   8   9   10
stimmt nicht   stimmt voll und ganz

84. Ich bin künstlerisch talentiert.

    1   2   3   4   5   6   7   8   9   10
stimmt nicht   stimmt voll und ganz

85. Sich um andere zu kümmern, ist genauso wichtig, wie sich um sich selbst zu kümmern.

    1   2   3   4   5   6   7   8   9   10
stimmt nicht   stimmt voll und ganz

86. Ich wünsche mir einen Arbeitsplatz, an dem ich modisch und elegant gekleidet sein kann.

    1   2   3   4   5   6   7   8   9   10
stimmt nicht   stimmt voll und ganz

87. Vor der Klasse etwas vorzutragen, fällt mir ziemlich leicht.

1	2	3	4	5	6	7	8	9	10
stimmt nicht							stimmt voll und ganz		

88. Wenn es anderen schlecht geht, höre ich mir ihre Probleme geduldig an.

1	2	3	4	5	6	7	8	9	10
stimmt nicht							stimmt voll und ganz		

89. Das Geld liegt auf der Straße, man muss nur cleverer sein als die anderen.

1	2	3	4	5	6	7	8	9	10
stimmt nicht							stimmt voll und ganz		

90. Ich kann andere Leute leicht für eine Sache gewinnen.

1	2	3	4	5	6	7	8	9	10
stimmt nicht							stimmt voll und ganz		

91. Es macht mir Spaß, mich um Jüngere zu kümmern.

1	2	3	4	5	6	7	8	9	10
stimmt nicht							stimmt voll und ganz		

92. Wenn jemand etwas nicht verstanden hat, erkläre ich es ihm gerne noch ein zweites oder drittes Mal.

1	2	3	4	5	6	7	8	9	10
stimmt nicht							stimmt voll und ganz		

93. Wenn Konflikte auftreten, versuche ich sie schnell zu lösen.

1	2	3	4	5	6	7	8	9	10
stimmt nicht							stimmt voll und ganz		

94. Eine schöne Naturlandschaft ist mir lieber als die aufregendste Großstadt.

    1   2   3   4   5   6   7   8   9   10
    stimmt nicht   stimmt voll und ganz

95. Wenn mir jemand etwas im Vertrauen sagt, kann er sich darauf verlassen, dass es kein anderer erfährt.

    1   2   3   4   5   6   7   8   9   10
    stimmt nicht   stimmt voll und ganz

96. Wer Kleidung verkauft, sollte selbst gut angezogen sein.

    1   2   3   4   5   6   7   8   9   10
    stimmt nicht   stimmt voll und ganz

97. Zu idealistisch sollte man seinen Beruf nicht sehen; es kommt vor allem darauf an, Geld zu verdienen.

    1   2   3   4   5   6   7   8   9   10
    stimmt nicht   stimmt voll und ganz

98. Statistiken finde ich sehr interessant.

    1   2   3   4   5   6   7   8   9   10
    stimmt nicht   stimmt voll und ganz

99. Ich traue mir zu, auch in schwierigen Situationen ein Team anzu-führen.

    1   2   3   4   5   6   7   8   9   10
    stimmt nicht   stimmt voll und ganz

100. Eine Ausstellung über den Fortschritt der Technik würde ich sehr gerne besuchen.

    1   2   3   4   5   6   7   8   9   10
    stimmt nicht   stimmt voll und ganz

Auswertung des Tests

Zunächst der erste Schritt: Übertragen Sie bitte die Werte, die Sie in einzelnen Aussagen zugeordnet haben, in die jetzt folgenden Felder und teilen Sie die Summe durch die Anzahl der Felder. Die so erreichte Punktzahl bei jeder Schlüsselqualifikation gibt das Maß wieder, in dem Ihre Schlüsselqualifikation ausgeprägt ist.

Erste Schlüsselqualifikation: **Kontaktfreude**

__ + __ + __ + __   _____ : 4 = _____
Aussage Nr. 11, 20, 40, 68   Summe   Gesamt

Zweite Schlüsselqualifikation: **Teamorientierung**

__ + __ + __ + __ + __   _____ : 5 = _____
Aussage Nr. 15, 35, 66, 70, 71   Summe   Gesamt

Dritte Schlüsselqualifikation: **Entscheidungsfreude**

__ + __ + __ + __   _____ : 4 = _____
Aussage Nr. 14, 37, 52, 61   Summe   Gesamt

Vierte Schlüsselqualifikation: **Körperliche Belastbarkeit**

__ + __ + __ + __ + __   _____ : 5 = _____
Aussage Nr. 6, 9, 60, 67, 79   Summe   Gesamt

Fünfte Schlüsselqualifikation: **Handwerklich-technisches Geschick**

__ + __ + __ + __ + __   _____ : 5 = _____
Aussage Nr. 8, 27, 29, 45, 65   Summe   Gesamt

Sechste Schlüsselqualifikation: **Technisches Verständnis**

__ + __ + __ + __   _____ : 4 = _____
Aussage Nr. 22, 65, 78, 100   Summe   Gesamt

Siebte Schlüsselqualifikation: **Soziales Interesse/Engagement**

__ + __ + __ + __ + __ + __ + __   _____ : 7 = _____
Aussage Nr. 33, 43, 58, 72, 83, 85, 88   Summe   Gesamt

Achte Schlüsselqualifikation: **Führungsfähigkeit**

__ + __ + __ + __ + __   _____ : 5 = _____
Aussage Nr. 41, 46, 64, 93, 99   Summe   Gesamt

Neunte Schlüsselqualifikation: **Sprachgewandtheit**

__ + __ + __ + __   _____ : 4 = _____
Aussage Nr. 12, 42, 49, 51   Summe   Gesamt

Zehnte Schlüsselqualifikation: **Interesse am äußeren Erscheinen**

__ + __ + __ + __ + __   _____ : 5 = _____
Aussage Nr. 26, 48, 82, 86, 96   Summe   Gesamt

Elfte Schlüsselqualifikation: **Verkaufsfähigkeit**

__ + __ + __ + __ + __   _____ : 5 = _____
Aussage Nr. 18, 23, 24, 31, 90   Summe   Gesamt

Zwölfte Schlüsselqualifikation: **Ordnungssinn**

__ + __ + __ + __ + __ + __ + __   _____ : 7 = _____
Aussage Nr. 4, 10, 25, 32, 55, 74, 77   Summe   Gesamt

Dreizehnte Schlüsselqualifikation: **Künstlerische Begabung und Kreativität**

__ + __ + __ + __ + __ + __ + __ + __   _____ : 8 = _____
Aussage Nr. 2, 17, 38, 44, 47, 62, 69, 84   Summe   Gesamt

Vierzehnte Schlüsselqualifikation: **Rechtsbewusstsein**

__ + __ + __ + __   _____ : 4 = _____
Aussage Nr. 7, 28, 53, 76   Summe   Gesamt

Fünfzehnte Schlüsselqualifikation: **Math. Verständnis/ logisch-abstraktes Denken**

__ + __ + __ + __ + __ + __ + __ + __   _____ : 8 = _____
Aussage Nr. 3, 13, 50, 54, 59, 73, 81, 98   Summe   Gesamt

Sechzehnte Schlüsselqualifikation: **Naturwissenschaftliches Verständnis**

__ + __ + __   _____ : 3 = _____

Aussage Nr. 30, 39, 75   Summe   Gesamt

Siebzehnte Schlüsselqualifikation: **Seriosität**

__ + __ + __   _____ : 3 = _____

Aussage Nr. 1, 80, 95   Summe   Gesamt

Achtzehnte Schlüsselqualifikation: **Geldorientierung**

__ + __ + __ + __   _____ : 4 = _____

Aussage Nr. 16, 56, 89, 97   Summe   Gesamt

Neunzehnte Schlüsselqualifikation: **Naturverbundenheit**

__ + __ + __ + __ + __ + __   _____ : 6 = _____

Aussage Nr. 19, 34, 36, 57, 63, 94   Summe   Gesamt

Zwanzigste Schlüsselqualifikation: **Didaktisches Geschick**

__ + __ + __ + __ + __   _____ : 5 = _____

Aussage Nr. 5, 21, 87, 91, 92   Summe   Gesamt

Die Qualifikationen, bei denen Sie die sechs höchsten Punktzahlen erzielt haben, sind Ihre Schlüsselqualifikationen.

Tests der Allgemeinbildung

Dabei möchte man Ihre Allgemeinbildung testen und herausfinden, ob Sie ein klassischer Fachidiot sind, den außer seinem Fach absolut nichts interessiert, oder ob Sie ein wenig Bescheid wissen über Religion und Philosophie, Staat und Gesellschaft, Kultur und Kunst sowie Geschichte und Literatur. Diese Tests sind entweder nach dem Frage-Antwort-System aufgebaut (Beispiel: »Wer ist der Verfasser der ›Wanderungen durch die Mark Brandenburg‹?« Antwort: »Theodor Fontane!«), oder die Fragen müssen nach dem Multiple-Choice-Verfahren, das seinen Eingang in beliebte Fernsehsendungen gefunden hat, beantwortet werden. (Eine Frage hat vier mögliche Antworten, Sie müssen die richtige ankreuzen, Beispiel: »Das Prinzip der Unschärferelation wurde entdeckt von a) Albert Einstein, b) Max Planck, c) Werner Heisenberg, d) Max von Laue«). Richtig wäre hier c).)

Der nachfolgende Allgemeinwissen-Test sollte zur Hälfte, besser wäre noch zu sechzig Prozent, richtig beantwortet werden.

Test Allgemeinbildung
Hilfsmittel sind nicht erlaubt.
Bearbeitungszeit: 40 Minuten

Sport
1. Könige der Athleten nennt man ...?
   a) Marathonläufer
   b) Zehnkämpfer
   c) 100-m-Läufer
   d) Triathleten

2. Das dritte Tor für Deutschland im Endspiel der WM 1954 schoss ...?
   a) Helmut Rahn
   b) Fritz Walter
   c) Otmar Walter
   d) Max Morlock

3. Wie oft war Deutschland Fußball-Weltmeister?
   a) einmal
   b) zweimal
   c) dreimal
   d) viermal

4. Skilanglauf mit Schießen nennt man als Sportdisziplin?
   a) Biathlon
   b) Military
   c) Nordische Kombination
   d) Hindernisrennen

5. Welche der folgenden Sportarten ist keine olympische Disziplin?
   a) Wasserball
   b) Fußball
   c) Tennis
   d) Golf

6. Ursprungsland der Olympischen Spiele ist
   a) Italien
   b) Kreta
   c) Griechenland
   d) Zypern

Politik

1. Wer war der letzte Reichskanzler der Weimarer Republik?
   a) von Papen
   b) Brüning
   c) Schleicher
   d) Stresemann

2. In welchem Jahr wurde das Grundgesetz der Bundesrepublik Deutschland beschlossen?
   a) 1945
   b) 1947
   c) 1949
   d) 1950

3. Der erste Bundespräsident der Bundesrepublik Deutschland war ...?
   a) Theodor Heuss
   b) Konrad Adenauer
   c) Heinrich Lübke
   d) Gustav Heinemann

4. Der Bundespräsident wird gewählt von ...?
   a) den Ministerpräsidenten der Bundesländer
   b) dem Bundeswahlausschuss
   c) der Bundesversammlung
   d) den Mitgliedern des Bundestages und den Ministerpräsidenten der Bundesländer

5. Der Sitz des Europäischen Gerichtshofs ist in ...?
   a) Den Haag
   b) Brüssel
   c) Luxemburg
   d) Straßburg

6. Die Hauptstadt von Mecklenburg-Vorpommern ist ...?
   a) Rostock
   b) Stralsund
   c) Wismar
   d) Schwerin

Geschichte

1. Welche Stadt war nicht Sitz eines Kurfürsten?
   a) Köln
   b) Augsburg
   c) Mainz
   d) Trier

2. Welcher deutsche Kaiser hieß mit Beinamen Barbarossa?
   a) Friedrich I.
   b) Friedrich II.
   c) Friedrich III.
   d) Friedrich IV.

3. Der Dreißigjährige Krieg endete mit dem Doppelfrieden von Münster und ...?
   a) Osnabrück
   b) Telgte
   c) Oldenburg
   d) Hannover

4. Die Hohenzollern stammen ursprünglich aus ...?
   a) Pommern
   b) Sachsen
   c) Franken
   d) Schwaben

5. Welcher Staat stand im Siebenjährigen Krieg an der Seite Preußens?
   a) Österreich
   b) Frankreich
   c) Russland
   d) England

6. Die englische Regierungsform ist eine ...?
   a) parlamentarische Republik
   b) konstitutionelle Monarchie
   c) absolute Monarchie
   d) Räterepublik

7. Welcher römische Kaiser führte das Christentum als Staatsreligion ein?
   a) Justitian
   b) Konstantin
   c) Marc Aurel
   d) Vespasian

8. Der Erste Weltkrieg begann mit der Ermordung des österreichischen Thronfolgers in ...?
   a) Wien
   b) Sarajewo
   c) Budapest
   d) Prag

Literatur
1. In welcher Stadt spielt die Nibelungensage?
   a) Worms
   b) Speyer
   c) Köln
   d) Mainz

2. Welcher der folgenden Herren war kein Minnesänger?
   a) Hartmann von Aue
   b) Nikolaus von Kues
   c) Oskar von Wolkenstein
   d) Walther von der Vogelweide

3. Martin Luther übersetzte die Bibel in das Deutsche aus dem ...?
   a) Lateinischen
   b) Hebräischen
   c) Griechischen
   d) Althochdeutschen

4. Das Drama »Nathan der Weise« schrieb …?
   a) Mendelssohn
   b) Klopstock
   c) Wieland
   d) Lessing

5. Heinrich Heine gehört zu folgender Literaturepoche:
   a) Klassik
   b) Rokoko
   c) Sturm und Drang
   d) Romantik

6. Der Autor des »Götz von Berlichingen« ist …?
   a) Friedrich Hölderlin
   b) Johann Wolfgang von Goethe
   c) Gottfried Wilhelm Herder
   d) Friedrich Schiller

7. Wolfgang Borcherts bedeutendes Heimkehrerdrama heißt …?
   a) Draußen vor dem Tor
   b) Draußen vor der Stadt
   c) Draußen vor dem Zaun
   d) Draußen vor der Tür

8. Welcher der folgenden zeitgenössischen Autoren wurde nicht mit
   dem Literaturnobelpreis ausgezeichnet?
   a) Heinrich Böll
   b) Elfriede Jelinek
   c) Max Frisch
   d) Günter Grass

9. Der Roman »Simplizissimus« spielt in folgender Zeit …?
   a) Französische Revolution
   b) Pfälzische Erbfolgekriege
   c) Dreißigjähriger Krieg
   d) Oktoberrevolution

10. Der Dichter Wilhelm Hauff schrieb …?
   a) Legenden
   b) Märchen
   c) Sagen
   d) Mythen

11. Die literarisch wertvollen Bücher wurden vorgestellt im …?
   a) Literarischen Terzett
   b) Literarischen Quartett
   c) Literarischen Quintett
   d) Literarischen Sextett

Kunst

1. Die Epoche der romanischen Kunst dauerte bis zum …?
   a) 9. Jahrhundert
   b) 13. Jahrhundert
   c) 15. Jahrhundert
   d) 17. Jahrhundert

2. Die gotische Kunst hat ihre Anfänge in …?
   a) England
   b) Frankreich
   c) Deutschland
   d) Italien

3. Zu welcher kunsthistorischen Epoche gehört Albrecht Dürer?
   a) Renaissance
   b) Barock
   c) Rokoko
   d) Romantik

4. Wer malte die Fresken der Sixtinischen Kapelle?
   a) Leonardo da Vinci
   b) Raffael
   c) Tizian
   d) Michelangelo

5. Welcher der folgenden Künstler war hauptsächlich Bildhauer?
   a) Paul Klee
   b) Ernst Barlach
   c) Walter Gropius
   d) August Macke

6. Zur Malerschule in Worpswede gehörte nicht ...?
   a) Franz Marc
   b) Paula Modersohn-Becker
   c) Heinrich Vogeler
   d) Fritz Mackensen

7. Die älteste deutsche Stadt ist ...?
   a) Aachen
   b) Köln
   c) Bonn
   d) Trier

Wirtschaft
1. Wenn nur wenige Firmen den Markt beherrschen, nennt man das ein ...?
   a) Oligopol
   b) Monopol
   c) Polypol
   d) Kartell

2. Die Bundesregierung wird beraten von den so genannten ...?
   a) Wirtschaftsweisen
   b) Wirtschaftsexperten
   c) Wirtschaftskennern
   d) Wirtschaftsjüngern

3. Der Euro wurde eingeführt am 1. Januar ...?
   a) 1999
   b) 2000
   c) 2002
   d) 2001

4. Welches der folgenden Länder gehört nicht zur Euro-Zone?
   a) Österreich
   b) Niederlande
   c) Portugal
   d) England

5. Der Mensch entdeckte das Feuer vor …?
   a) 5.000 Jahren
   b) 50.000 Jahren
   c) 500.000 Jahren
   d) 5 Mio. Jahren

6. Wenn sich Unternehmen zu einer Interessenvereinigung zusammenschließen, dann handelt es sich um …?
   a) ein Kartell
   b) eine Fusion
   c) ein Monopol
   d) eine Aktiengesellschaft

7. Inflation entsteht durch …?
   a) sinkende Löhne und Gehälter
   b) ein Überangebot von Waren
   c) eine hohe Arbeitslosigkeit
   d) eine große Nachfrage nach Waren und Dienstleistungen

Musik
1. Welcher der folgenden Komponisten gehört nicht ins 18. Jahrhundert?
   a) Bach
   b) Händel
   c) Telemann
   d) Brahms

2. Welcher Komponist hat keine Oper geschrieben?
   a) Wolfgang Amadeus Mozart
   b) Heinrich Schütz
   c) Carl Maria von Weber
   d) Richard Strauss

3. Die Zwölftonmusik wurde entwickelt von …?
   a) George Gershwin
   b) Franz Stockhausen
   c) Arnold Schönberg
   d) Hector Berlioz

4. Ein Hauptwerk von Richard Wagner heißt …?
   a) Die Meistersinger von Nürnberg
   b) Die verkaufte Braut
   c) Der Vetter aus Dingsda
   d) La Traviata

5. Den Text des Deutschlandliedes schrieb …?
   a) Wolfram von Eschenbach
   b) Friedrich Schiller
   c) Hoffmann von Fallersleben
   d) Marie von Ebner-Eschenbach

Allgemein:
1. Das Eis bei der letzten Eiszeit reichte in Mitteleuropa bis an die …?
   a) Alpen
   b) Nordsee
   c) Mittelgebirge
   d) Adria

2. Für welches der folgenden Fächer gibt es keinen Nobelpreis?
   a) Medizin
   b) Wirtschaftswissenschaften
   c) Chemie
   d) Mathematik

3. Wo wurde Albert Einstein geboren?
   a) Augsburg
   b) München
   c) Heidelberg
   d) Ulm

4. Was versteht man unter Animismus?
   a) Tierliebe
   b) seltene Bluterkrankung
   c) Beseeltheit der Natur
   d) ein anderes Wort für Animosität

5. Das Hauptwerk des Philosophen Friedrich Nietzsche heißt ...?
   a) Kritik der reinen Vernunft
   b) Über den Ursprung der Arten
   c) Also sprach Zarathustra
   d) Geld und Währung

6. Wichtige altgriechische Philosophen vor der klassischen Epoche
   nennt man ...?
   a) Vorsokratiker
   b) Vorepikurer
   c) Voraristoteliker
   d) Vorplatoniker

7. Welches ist das größte Flächenland Deutschlands?
   a) Hessen
   b) Nordrhein-Westfalen
   d) Baden-Württemberg
   d) Bayern

8. Welche ist die westlichste Stadt Deutschlands?
   a) Aachen
   b) Duisburg
   c) Kleve
   d) Saarbrücken

9. Die Entfernung von der deutschen Nordgrenze bis zur deutschen
   Südgrenze beträgt ca. ...?
   a) 500 km
   b) 750 km
   c) 1.100 km
   d) 1.400 km

10. Das Fremdwort »Parvenü« steht für ...?
    a) eine Käsesorte
    b) eine Schimpansenart
    c) einen unsympathischen Emporkömmling
    d) eine breite Straße, die auf eine Hauptstraße stößt

Richtige Antworten:
Sport
1b), 2a), 3c), 4a), 5d) 6c)

Politik
1c), 2c), 3a), 4c), 5c), 6d)

Geschichte
1b), 2a), 3a), 4d), 5d), 6b), 7b), 8b)

Literatur
1a), 2b), 3c), 4d), 5d), 6b), 7d), 8c), 9c), 10b), 11b)

Kunst
1b), 2b), 3a), 4d), 5b), 6a), 7d)

Wirtschaft
1a), 2a), 3c), 4d), 5c), 6a), 7d)

Musik
1d), 2b), 3c), 4a), 5c)

Allgemein
1c), 2d), 3d), 4c), 5c), 6a), 7d), 8a), 9d), 10c)

Für jede richtig beantwortete Frage gibt es einen Punkt.

Auswertung:
50–60 Punkte
Sie verfügen über eine herausragende Allgemeinbildung. Mit Ihrem Wissen werden Sie locker jeden Test für Allgemeinbildung bestehen und sind auch ein heißer Kandidat für die Ratesendungen, bei denen man bis zu 1 Mio. Euro gewinnen kann.

40–49 Punkte
Sie verfügen über eine hervorragende Allgemeinbildung. Ihr Wissen reicht aus, um ohne größere Vorbereitung Tests der Allgemeinbildung gut zu bestehen.

30–39 Punkte
Ihr Allgemeinwissen ist durchweg gut. Damit sollten Sie die notwendigen Punkte beim Test schaffen. Gehen Sie noch einmal alle Fragen durch und schauen Sie die falsch beantworteten Fragen dahingehend durch, ob es sich um bestimmte Themen handelt, z. B. Geschichte oder Literatur. Wenn ja, sollten Sie sich dort ein paar Stunden einlesen.

20–29 Punkte
Sie haben weniger als die Hälfte der Fragen richtig beantwortet. Das wird Ihnen, wenn Sie beim eigentlichen Test nicht besser abschneiden, Minuspunkte bei der Bewerbung für den Studienplatz einbringen. Arbeiten Sie also an Ihrer Allgemeinbildung. Da sich die Fragen häufig auf aktuelle Ereignisse und Themen im In- und Ausland beziehen, empfiehlt es sich, regelmäßig die Tageszeitung zu lesen und die Fernsehnachrichten anzuschauen.

10–19 Punkte
Wenn Sie sich mit diesem zu geringen Wissen für einen Studienplatz bewerben möchten, wo ein Test des Allgemeinwissens eine wichtige Rolle spielt, empfehlen wir Ihnen, sich durch gründliche Lektüre zu den einzelnen Fachgebieten darauf vorzubereiten. Verbessern Sie Schritt für Schritt Ihre Allgemeinbildung.

Sollten Sie unter 50 % bleiben, empfehlen wir Ihnen nicht nur im Hinblick auf einen möglichen Test, sondern zur notwendigen Hebung Ihrer Allgemeinbildung die Lektüre des Buches von Dietrich Schwanitz *Bildung* (Eichborn Verlag). Nach Lektüre dieses Buches sollten Sie Allgemeinbildungs-Tests erfolgreich bewältigen können.

Tests des logisch-analytischen Denkens

Dass Sie logisch-analytisch denken können, haben Sie mit dem Abitur unter Beweis gestellt. Bei solchen Tests wird nicht das »ob«, sondern das »wie viel« ermittelt. Diese Tests sind richtig fies, weil sie einen zu gründlichem Nachdenken, zur Analyse und zur Ableitung von Hypothesen zwingen.

So genannte Matrizentests oder Figurenfolgetests zielen auf Fähigkeiten, die nicht an der Schule erworben werden können. Anhand von figural-bildhaftem Material sind die Testaufgaben so gestellt, dass Gesetzmäßigkeiten und Regeln in abstrakten Strukturen gefunden werden müssen und eine Figurenfolge jeweils um ein fehlendes Element ergänzt werden muss. Die Tester wollen herausfinden, wie gut man Gemeinsamkeiten und Unterschiede von Objekten erkennen und logische Beziehungen zwischen den Objekten herstellen kann. Da für die Beantwortung die Proportionen von Räumen, Strecken, Flächen und Winkeln eingeschätzt werden müssen, ist dieser Test auch ein Test der wahrnehmungsbezogenen Fähigkeiten.

Gerade im Bereich Informatik, technische Informatik und Elektrotechnik ist das logische Schlussfolgern eine wichtige und gängige geistige Leistung. Man sollte sich also in schriftlichen Aufnahmetests auf entsprechende Fragen einstellen. Das logische Denken ist von großer Bedeutung bei der Bewertung von Fakten und Hypothesen, bei der Lösung von Problemen und für die Entscheidung über Ursachen von Ereignissen und Handlungen. Vor allem im Bereich der Informatik ist es unabdingbar, notwendige und hinreichende Bedingungen zu unterscheiden, Wenn-dann-Aussagen zu beurteilen oder aufzustellen, oder neue Informationen aus gegebenen Informationen abzuleiten. Die Fragen in Logik-Tests, bei denen es vorwiegend um Wenn-dann-Aussagen und Reihenfolge- und Zuordnungsprobleme geht, werden mit Hilfe von kurzen Texten eingeleitet.

Nachfolgend als Beispiele zwei Musterfragen, die dem Selbsttest für künftige Informatikstudierende der LMU München entnommen sind (siehe *www.pms.ifi.lmu.de/eignungstest/eignungstest-netscape.html*).[*]
Für die Bearbeitung jeder Frage sind zwanzig Minuten veranschlagt.

1. Beispiel
Inspektor Barrick ermittelt in einem Todesfall. Onkel Kuno wurde tot in seinem Haus aufgefunden, wo er zusammen mit Onkel Bodo und einem Gärtner lebte. Barrick hat folgende Fakten zusammengetragen:

[*] Wir danken Prof. Dr. François Bry und Prof. Dr. Hans Jürgen Ohlbach von der Ludwig-Maximilians-Universität München für die Genehmigung, die folgenden zwei Beispielaufgaben zu verwenden.

1. Kuno, Bodo und der Gärtner waren die einzigen Hausbewohner, nur einer von ihnen kann Kuno getötet haben.
2. Derjenige, der Kuno getötet hat, hat diesen gehasst und war nicht reicher als Kuno.
3. Bodo hasst niemanden, den Kuno gehasst hat.
4. Kuno hat sich selbst und Bodo gehasst.
5. Der Gärtner hasst jeden, der nicht reicher als Kuno war oder der von Kuno gehasst wurde.
6. Kein Hausbewohner hasst(e) alle Hausbewohner.

Welche der nachfolgenden Schlussfolgerungen sind richtig?

A. Wenn der Gärtner sich nicht selbst hasst, dann hat er Kuno nicht getötet.
B. Der Gärtner war nicht reicher als Kuno.
C. Aus den Fakten folgt nicht, ob Bodo reicher als der Gärtner ist oder nicht.
D. Wenn der Gärtner Kuno getötet hat, dann hasst er Bodo nicht.
E. Bodo hat Kuno getötet.

(Auflösung: Die Schlussfolgerungen A, C und D sind richtig.)

2. Beispiel
Wir suchen zwei natürliche Zahlen, die beide zwischen eins und einhundert liegen. Eine Person, im Folgenden »Herr Produkt« genannt, kennt das Produkt der beiden Zahlen, eine andere Person, im Folgenden »Herr Summe« genannt, kennt ihre Summe. Zwischen den beiden Personen entwickelt sich der folgende Dialog:

Herr Produkt: *Ich kenne die beiden Zahlen nicht.*
Herr Summe: *Ich kenne die beiden Zahlen auch nicht, ich wusste aber, dass Sie sie nicht kennen.*
Herr Produkt: *Dann kenne ich die beiden Zahlen jetzt.*
Herr Summe: *Dann kenne ich die beiden Zahlen jetzt auch.*

Welches sind die beiden Zahlen?

A. 3 und 5
B. 2 und 7
C. 8 und 11
D. 4 und 13

Auflösung: Richtig ist die Antwort D.

Manche Logik besteht aber auch darin, Behauptungen danach zu beurteilen, ob sie aus einem bestimmten Sachverhalt folgen. Dabei müssen Sie bei jeder Aufgabe überprüfen, welche von zwei oder mehreren Behauptungen sich zwingend, d. h. ohne weitere Zusatzannahmen, aus der am Anfang präsentierten Feststellung ableiten lassen. Die Feststellungen als solche gelten als vorgegeben und sind nicht zu hinterfragen. Sie sind also quasi das, was Axiome in der Mathematik (1 + 1 = 2) sind. Solche Tests bestehen ebenfalls aus zwanzig bis fünfundzwanzig Einzelfragen.

Aufgaben, die die Fähigkeit zu logisch-analytischem Denken prüfen wollen, sind auf den ersten Blick schwer zu knacken, wenn man aber die Systematik versteht, sind sie gar nicht so schwer. Wir möchten anhand von drei Beispielen, einem eher einfachen, einem mittelschweren und einem schweren, dieses System kurz vorstellen.

1. Beispiel (Schwierigkeitsgrad relativ niedrig)
Feststellung: Etliche Prominente aus Politik, Wirtschaft, Kultur und Sport haben sich in ihrer Schulzeit eher durch schlechte Schulnoten ausgezeichnet oder das Studium abgebrochen.

Daraus ergeben sich zwei mögliche Behauptungen:

1. Die für den Erfolg wichtigen Fähigkeiten entwickeln sich erst nach der Schule oder dem Studium.
2. In einzelnen Fällen lassen Leistungen in der Schule oder im Studium keine Rückschlüsse auf den späteren beruflichen Erfolg zu.

Mögliche Lösungen:

A. Die Behauptung 1 lässt sich ableiten.
B. Die Behauptung 2 lässt sich ableiten.
C. Beide Behauptungen lassen sich ableiten.
D. Keine der Behauptungen lässt sich ableiten.

Auflösung: Die richtige Antwort ist B.

A (nur die Behauptung 1 lässt sich ableiten) wäre nur dann richtig, wenn die Feststellung lauten würde, dass alle Prominente schlechte Schulnoten hatten oder ihr Studium abgebrochen haben. Dies ist aber nicht der Fall, wie wir von vielen Prominenten wissen, die glänzende Schüler und hervorragende Studenten waren. Von daher entfällt auch Lösung C (beide Behauptungen lassen sich ableiten). Richtig ist also B, weil es Prominente gibt, die nachweislich schlechte Schüler und Studenten waren und die entweder erst nach der Schule oder dem Studium so richtig losgelegt haben oder bei denen Schulnoten oder Studienleistungen nicht wichtig für den Erfolg sind, wie z. B. bei Sportkarrieren. Also ist auch D (keine der Behauptungen lässt sich ableiten) falsch.

2. Beispiel (hoher Schwierigkeitsgrad)
Feststellung: Seit mehreren Jahren steigt die Zahl der jährlichen Hochzeiten und die Zahl der jährlichen Scheidungen, wobei der prozentuale Anstieg der Scheidungen höher ist als der der Eheschließungen.

Daraus ergeben sich folgende Behauptungen:

1. Viele junge Leute, die eine Ehe eingehen, lassen sich schon bald wieder scheiden.
2. Durch diese Entwicklung wachsen immer mehr Kinder nur bei einem Elternteil auf.
3. Trotz der in der Feststellung genannten Entwicklung, der Anstieg der Scheidungen ist höher als der der Eheschließungen, kann sich gegenüber dem Vorjahr die Zahl der Ehen in Deutschland erhöht haben.
4. Wenn die Zahl der Scheidungen prozentual stärker steigt als die der Eheschließungen, sinkt die Zahl der Ehen.

Mögliche Lösungen:

A. Die Behauptung 1 lässt sich ableiten.
B. Die Behauptung 2 lässt sich ableiten.
C. Die Behauptung 3 lässt sich ableiten.
D. Die Behauptung 4 lässt sich ableiten.
E. Keine der Behauptungen lässt sich ableiten.

Auflösung: Die richtige Antwort ist C.

Antwort A ist falsch, da sich die Behauptung 1 nicht ableiten lässt. In der Feststellung ist nichts ausgesagt, wer zum überproportionalen Anteil der Scheidungen beiträgt, ob dies junge Paare, Paare in der mittleren Lebensphase oder ältere Menschen sind. Auch wenn man die

Beobachtung macht, dass eine Reihe junger Ehen nach einigen Jahren wieder geschieden werden, so ist in der Feststellung hierüber nichts gesagt worden.

Antwort B ist auch falsch, da sich diese Behauptung auch nicht ableiten lässt. In der Feststellung ist nämlich nichts darüber ausgesagt, wie viele Menschen heiraten, wie viele verheiratet sind und wie viele sich scheiden lassen. Es ist theoretisch denkbar, dass bei einem großen Teil derer, die heiraten, es sich um Menschen handelt, die nicht zum ersten Mal heiraten, die keine Kinder haben, oder dass Ehen eingegangen werden von Menschen im Zeitraum vom fünften bis siebten Lebensjahrzehnt.

Lösung C – die Behauptung 3 lässt sich ableiten – ist richtig. Die Begründung hierfür ist recht einfach: In der Behauptung wird nichts ausgesagt über die absoluten Zahlen der Eheschließungen und der Ehescheidungen, sondern nur ihre prozentuale Entwicklung verglichen zwischen dem jeweils 1. Januar und 31. Dezember eines Jahres. In der Feststellung wird auch nichts darüber ausgesagt, ob Ehen geschieden wurden, die im gleichen Jahr geschlossen wurden. Theoretisch möglich wäre, dass alle Ehescheidungen aus »Alt-Ehen« resultieren. Diese Behauptung lässt sich auch an einem Rechenbeispiel darstellen: Zum 31. Dezember eines Jahres gab es, sagen wir, 25 Mio. Ehen. Diese Zahl resultierte aus 24,6 Mio. »Alt-Ehen«, aus 400.000 neuen Ehen und 100.000 Scheidungen. Im nächsten Jahr nun werden 450.000 Ehen geschlossen, was einer Steigerung von 12,5 Prozent entspricht. Im nächsten Jahr werden 125.000 Ehen geschieden, somit 25 Prozent Steigerung gegenüber dem Vorjahr. Am Ende dieses Jahres gibt es als Saldo 25,025 Mio. Ehen und damit 25.000 mehr als im Vorjahr. Damit sind alle Bedingungen der Feststellung erfüllt, Steigerung der Eheschließung, und Steigerung der Scheidungen bei gleichzeitig höheren Steigerungsraten bei Scheidungen gegenüber Eheschließungen und dennoch mehr Ehen als im Vorjahr.

Aus diesem Grund sind auch die möglichen Lösungen D (die Behauptung 4 lässt sich ableiten) und E (keine der Behauptungen lässt sich ableiten) falsch.

3. Beispiel (mittlerer Schwierigkeitsgrad)
Feststellung: Im Arbeitsamtsbezirk X ist der Anstieg der Arbeitslosenquote rückläufig. Im Februar stieg die Arbeitslosenquote weniger stark an als im Januar. Der Anstieg im Januar war geringer als im Dezember des Vorjahres.

Daraus ergeben sich folgende Behauptungen:

1. Im Februar war die Arbeitslosenquote niedriger als im Januar.
2. Im Dezember lag die Arbeitslosenquote unter der Quote von Januar.

Mögliche Lösungen:

A. Die Aussage 1 lässt sich ableiten.
B. Die Aussage 2 lässt sich ableiten.
C. Beide Aussagen lassen sich ableiten.
D. Keine der beiden Aussagen lässt sich ableiten.

Auflösung: Die richtige Antwort ist B.

Die Hauptschwierigkeit bei dieser Aufgabe liegt darin, die Begriffe »rückläufig« und »Anstieg« richtig zuzuordnen. In der Feststellung wird gesagt, dass der Anstieg der Arbeitslosenquote seit Monaten rückläufig ist. Aber auch ein rückläufiger Anstieg der Arbeitslosenzahlen bedeutet, dass der Anstieg zwar rückläufig ist, dass aber von Monat zu Monat die Zahl der Menschen ohne Arbeit und damit die Arbeitslosenquote ansteigt. Es wird in der Feststellung nicht davon gesprochen, dass die Arbeitslosenquote rückläufig ist, sondern nur der monatliche Anstieg. Deshalb ist die Antwort A falsch. Wenn die Arbeitslosenquote im Februar höher als im Januar und diese wiederum höher als im Dezember war, kann also die Arbeitslosenquote im Februar nicht niedriger gewesen sein als im Januar.

Lösung B ist richtig, da die von Monat zu Monat angestiegene Arbeitslosenquote im Dezember unter derjenigen von Januar gelegen haben muss.

Damit wären auch die möglichen Antworten C und D falsch.

Selbsttests online

Anhand von fachbezogenen Studierfähigkeitstests sollen Ihre Voraussetzungen für das Studium hinsichtlich Ihres Fachwissens getestet werden.

Dazu gehören auch die Selbsttests, die immer mehr Hochschulen über das Internet anbieten. Diese Tests haben zwei Aufgaben: Sie sollen Studienbewerbern eine realistische Einschätzung vermitteln, ob sie für dieses Fach geeignet sind und ob sie die für die ersten Semester notwendigen Grundkenntnisse mitbringen. Die Tests bestehen in der Regel aus Fachfragen, die beantwortet werden müssen, oder aus einem Multiple-Choice-Verfahren, bei dem unter mehreren möglichen Antworten die richtige angekreuzt werden muss. Solche Tests sind ein sinnvolles Angebot der Hochschulen und ermöglichen es, von zu Hause aus die Studierfähigkeit selbst zu testen. Schülern und Studienbewerbern wird aber angeraten, mehr als einen solchen Test zu machen, um zum einen die Entscheidung für oder gegen ein Studienfach weiter abzusichern, und zum anderen, um herauszufinden, ob die Testergebnisse weit voneinander abweichen.

Solche Online-Tests haben also die Funktion der Selbsteinschätzung, sind aber manchmal auch Teil des Hochschulauswahlverfahrens. Bei bestimmten Fächern können sie Voraussetzung der Bewerbung sein. In der Bewerbung soll dann auf den Test Bezug genommen werden. Die Auswahlkommission will erfahren, wie er oder sie mit dem Test zurechtgekommen ist und ob der Test bei der Studienwahl eine Hilfe war.

Einige Internetadressen, wo Sie einen solchen Selbsttest online unverbindlich und ohne Prüfungssituation machen können:

Info!

Chemie
*http://www.uni-lueneburg.de/fb4/institut/oekchem/uchemie/
grundkenntnisse_chemie.htm*

Informatik/Technische Informatik
RWTH Aachen *www.assess.rwth-aachen.de*
FU Berlin   *www.inf.fu-berlin.de/inst/ag-tech/eignungstest.html*
TU Chemnitz *http://www.tu-chemnitz.de/fsrif/selbsttest01*
LMU München *www.pms.ifi.lmu.de/eignungstest*

Ingenieurwissenschaften
RWTH Aachen *www.assess.rwth-aachen.de*
TU Hamburg- *http://selbsttest.tu-harburg.de/?selbsttest=Selbsttest*
Harburg

Geisteswissenschaften
U Freiburg   *http://www.anglistik.uni-freiburg.de/studium/
Mocktest/default.html*

Der Auswahltest an der Hochschule

Wenn Ihnen Ihr künftiges Wunschstudienfach einen schriftlichen Auswahltest an der Hochschule auferlegt, werden Sie nach der schriftlichen Bewerbung – hierbei helfen Ihnen die Informationen im entsprechenden Kapitel dieses Buches – zu einem bestimmten Termin an die Hochschule eingeladen. Alle Bewerber/-innen für dieses Studienfach bekommen einen standardisierten schriftlichen Test vorgelegt, den sie in einer bestimmten Zeit bearbeiten müssen. Hilfsmittel (außer Taschenrechner) sind, soweit nichts anderes vorgegeben ist, hierbei normalerweise nicht erlaubt. Bei Studierfähigkeitstests in Fremdsprachen sind meistens einsprachige Wörterbücher zugelassen. Achten Sie also im Anschreiben genau darauf, was an Hilfsmitteln mitgebracht werden darf und was nicht erlaubt ist.

Der schriftliche Studierfähigkeitstest hat für die Hochschulen den großen Vorteil, dass sie nicht dutzende oder hunderte von Kandidaten einzeln prüfen müssen, sondern an einem Tag alle Bewerber testen können. »Urgroßmutter« dieses Testverfahrens ist der so genannte TMS, der »Test für medizinische Studiengänge«, der zwischen Mitte der 1980er und Mitte der 1990er Jahre für die Auswahl aus der großen Zahl von Medizinstudienbewerbern sorgen sollte. Das Institut, das seinerzeit diesen TMS entworfen hat, ITB Consulting, ist auch heute bei der Konzeption von Studierfähigkeitstests maßgeblich beteiligt.

Für die Bearbeitung eines Tests müssen Sie etwa vier bis fünf Stunden rechnen. Einige Tests, die wir eingesehen haben, haben vierzig und mehr Seiten Umfang. Aus diesem Grund und auch wegen der vielen verschiedenen Fächer kann nachfolgend kein kompletter Test abgedruckt werden, aber die folgenden jeweils zehn Beispielfragen aus den Fächern Geschichte und Physik geben Ihnen die Möglichkeit, sich mit typischen Fragen vertraut zu machen und zu einer Einschätzung zu kommen, ob Ihr Wissensstand für die Testanforderungen ausreichend ist.

Der schriftlich zu bearbeitende Studierfähigkeitstest fragt Wissen ab, das üblicherweise mit dem Abitur erworben sein sollte, um das Studium des Faches aufnehmen zu können. Gleichzeitig sollen in dem Test bestimmte Schlüsselqualifikationen abgefragt werden, die für das Studium und für mögliche Berufe von Relevanz sind. In manchen Studierfähigkeitstests gibt es einen zusätzlichen Block, in dem Allgemeinbildung abgefragt wird, wo Ihnen Fragen zu Politik, Gesellschaft, Wirtschaft, Kultur, Kunst oder zu aktuellen Themen gestellt werden. Aus Sicht der Testpsychologen werden mit diesem Testverfahren die künftigen Idealstudenten anhand der drei Komponenten Fachwissen, Schlüsselqualifikationen und Allgemeinbildung aus der großen Zahl der Bewerber herausgefiltert. Testen Sie also Ihr Wissen anhand von Beispielfragen für einzelne Fächer.

Bespielfragen für das Studienfach Geschichte
(erstellt von Erich Pöschl, Ehingen)

1. Welche Rede eines US-Politikers gilt als die Wende in der amerikanischen Besatzungspolitik in Deutschland?
   a) Die Rede von Präsident Truman im März 1947
   b) Die von US-Außenminister Byrnes im September 1946
   c) Die Rede von US-Außenminister Marshall im November 1948

2. Wie hieß der Gegenspieler von John F. Kennedy auf sowjetischer Seite?
   a) Josef Stalin
   b) Nikita Chruschtschow
   c) Leonid Breschnew

3. Welche Macht nahm an der Konferenz von Potsdam nicht teil?
   a) USA
   b) Großbritannien
   c) Frankreich
   d) UdSSR

4. Welche Faktoren trugen zum Wirtschaftswunder in den 50er Jahren maßgeblich bei? (mehrere Antworten sind möglich)
   a) Die Anwendung der antizyklischen Wirtschaftspolitik durch Ludwig Erhard
   b) Die Währungsreform von 1948
   c) Der Koreakrieg (1950–53)

5. Welches Ereignis war im Jahre 1989 der Auslöser für die Massenproteste in der DDR?
   a) Die Wahlfälschungen bei den Kommunalwahlen (Mai)
   b) Die Volkskammer der DDR beglückwünschte die Kommunistische Partei zur Niederschlagung der Unruhen auf dem Platz des himmlischen Friedens (Juni)
   c) Der Besuch von Michail Gorbatschow in Ost-Berlin (Oktober)

6. Welche Begriffe umschreiben das Programm des Wiener Kongresses von 1815? (mehrere Antworten sind möglich)
   a) Restauration
   b) Heilige Allianz
   c) Liberalisierung

7. Was bedeutet der Begriff »Kulturkampf« und wann fand er statt?
   a) Die Studentenunruhen in Deutschland 1968
   b) Die Unruhen in China zu Beginn der 70er Jahre
   c Die Auseinandersetzungen Bismarcks mit der katholischen Kirche in Deutschland in den 70er Jahren des 19. Jahrhunderts

8. Welches Gremium arbeitete im Jahre 1948/49 das Grundgesetz der Bundesrepublik Deutschland aus?
   a) Der Deutsche Volkskongress
   b) Die Verfassungsgebende Nationalversammlung
   c) Der Parlamentarische Rat

9. Mit welcher Verfügung setzte Hitler die Grundrechte außer Kraft?
   a) Mit der sog. »Reichstagsbrandverordnung« vom 28.2.1933
   b) Mit dem Ermächtigungsgesetz vom 23.3.1933
   c) Mit dem Gesetz »über den Neuaufbau des Reiches« vom 30.1.1934

10. Welche Bevölkerungsgruppe in der UdSSR wollte Stalin mit der Zwangskollektivierung in den 1930er Jahren ausschalten?
   a) Den Adel
   b) Die Kulaken
   c) Die Kadetten

Auflösung: Die Antworten 1b), 2b), 3c), 4b) und 4c), 5a), 6a) und 6b), 7c), 8c), 9a), 10b).

Beispielfragen für das Studienfach Physik
(erstellt von Frank Rueß, Ehingen)
1. Ein Plattenkondensator wird aufgeladen und anschließend von der Quelle getrennt. Wie verändert sich die Spannung, wenn man daraufhin den Plattenabstand verdoppelt?
   a) Sie halbiert sich.
   b) Sie verdoppelt sich.
   c) Sie bleibt gleich.

2. Ein geladenes Teilchen, das senkrecht zu den Feldlinien eines homogenen Magnetfelds einfällt, wird durch die Lorentzkraft auf eine Kreisbahn gelenkt. Wie ändert sich hierbei der Betrag der Geschwindigkeit?
   a) Sie wird kleiner.
   b) Sie wird größer.
   c) Sie bleibt gleich.

3. Was ist richtig? Ein Fahrrad wird ohne zu treten langsamer,
   a) weil keine Kraft mehr auf es wirkt
   b) es sich im Kräftegleichgewicht befindet
   c) eine Kraft auf es wirkt

4. Für die Periodendauer eines Pendels gilt

   $$T = 2\pi\sqrt{\frac{l}{g}}$$ (*l*: Pendellänge, *g*: Ortsfaktor).

   Nun halbiert man die Pendellänge. Wie ändert sich daraufhin die Frequenz?
   a) Sie wird größer.
   b) Sie wird kleiner.
   c) Sie bleibt gleich.

5. Ein Wagen hängt auf einer schiefen Ebene an einer Feder. Das System schwingt mit einer Frequenz von 5 Hz. Wie ändert sich die Frequenz, wenn man den Winkel der schiefen Ebene verdoppelt?
   a) Sie halbiert sich.
   b) Sie verdoppelt sich.
   c) Sie bleibt gleich.

6. Was bewirkt, dass der Mond sich auf einer Kreisbahn um die Erde bewegt?
   a) Die Gravitationskraft der Erde wirkt als Zentrifugalkraft.
   b) Die Gravitationskraft der Erde wirkt als Zentripetalkraft.
   c) Der Mond wird vom Magnetfeld der Erde festgehalten.

7. Der Lichtstrahl eines Lasers wird an einem Einzelspalt gebeugt. Wie ändert sich der Abstand der Beugungsstreifen, wenn man den Spalt enger macht?
   a) Er wird geringer.
   b) Er wird größer.
   c) Er bleibt gleich.

8. Warum bekommt man von infrarotem Licht keinen Sonnenbrand?
   a) Weil es eine kürzere Wellenlänge als sichtbares Licht besitzt.
   b) Weil es eine längere Wellenlänge als sichtbares Licht besitzt.
   c) Weil es durch die Luft abgeschirmt wird.

9. Mit welcher Annahme lässt sich erklären, dass der Himmel blau ist?
   a) Blaues Licht wird von der Luft stärker gestreut als rotes.
   b) Rotes Licht wird von der Luft stärker gestreut als blaues.
   c) Das Meer spiegelt sich in hohen Luftschichten.

10. Nähert sich eine Schallquelle einem Empfänger, so hört dieser eine höhere Frequenz als die von der Quelle ausgesandte. Bei Licht gibt es diesen Effekt ebenfalls. Welcher Begriff beschreibt wohl dieses Phänomen?
    a) Rotverschiebung
    b) Blauverschiebung
    c) Grünverschiebung

Lösungen: 1b, 2c, 3c, 4a, 5c, 6b, 7b, 8b, 9a, 10b

Die doppelte Hürde: Der Kombi-Test schriftlich-mündlich

Eine Hochschulaufnahmeprüfung, bestehend aus einer schriftlichen Eignungsprüfung und einem mündlichen Gespräch, war in der Vergangenheit nur Standard bei den privaten Hochschulen, die sich seit Jahren ihre Studierenden in einem aufwändigen Auswahlverfahren aussuchen. Wie das Kapitel zum ZVS-Zulassungsverfahren zeigt (s. S. 14 ff.), haben zum Wintersemester 2005/2006 erstmals einige staatliche Hochschulen für ihre ZVS-Fächer diese Kombi-Prüfungen eingeführt.

Der schriftliche Test ist eine Kombination aus Facheignungsprüfung, Überprüfung von Schlüsselqualifikationen und von Allgemeinwissen. Im mündlichen Teil, der sich entweder am Nachmittag oder am nächsten Vormittag anschließt, wird in Einzel- und Gruppengesprächen versucht, die Bewerber noch einmal auf »Herz und Nieren« zu prüfen.

Diese Doppeltests stellen eine große Herausforderung an Physis und Psyche dar, da sie sich über einen ganzen Tag bzw. eineinhalb Prüfungstage erstrecken. Auch sind sie eine finanzielle Belastung, wenn am Prüfungsort Kosten für die Übernachtung fällig werden oder man an zwei Tagen eine längere Hin- und Rückreise per Bahn oder Auto finanzieren muss.

Das Auswahlverfahren bei den künstlerischen, musischen, sportlichen und Medienstudiengängen, die ebenfalls seit Jahren ein umfangreiches Auswahlverfahren anwenden, ist ähnlich aufgebaut. Lesen Sie bitte hierzu das folgende Kapitel und die Hinweise zu den jeweiligen Auswahlverfahren.

Begabungstests für Kunst, Musik, Sport, Medien

Diese Tests betreffen:

- Künstlerische Studiengänge
- Musik-Studiengänge
- Sport-Studiengänge
- Journalistik-/Medien-Studiengänge

Eine Studienplatzvergabe nach besonderer Eignungsprüfung betrifft Fächer, in denen man über eine Begabung verfügen muss, die sich nicht an den Abiturfächern ablesen lässt. Dabei handelt es sich um die Studiengänge Musik, Kunst und Sport an den Musik-, Kunst- und Sporthochschulen sowie um die Studiengänge Journalistik/Publizistik bzw. allgemeine Medienstudiengänge.

Künstlerische Studiengänge
Die meisten Hochschulen haben für die Studienplätze in Freier oder Angewandter Kunst ein zweistufiges Auswahlverfahren. Sie erwarten erst einmal eine Reihe künstlerischer Objekte, die von Professoren des Fachs begutachtet werden. In der Regel werden 20–25 originale Arbeiten erwartet, die in einer Sammelmappe (max. Größe etwa 1 x 1,5 m) eingereicht werden. Größere Arbeiten, Plastiken und Objekte werden nur als Fotografien, nicht als Originale eingereicht. Video- und Audio-Medienkunstarbeiten sind als VHS, DVD und CD bzw. CD-ROM vorzulegen.

Schafft man die Hürde »Mappe«, wird man zur eigentlichen Aufnahmeprüfung eingeladen. Bei dieser Prüfung muss man seine allgemeine künstlerische Begabung sowie besondere Fähigkeiten und Kenntnisse im Hinblick auf das spätere Studienfach unter Beweis stellen. Die Studieninteressenten erwartet eine vier- bis fünfstündige praktische Prüfung, in der eine bildnerisch-gestalterische Arbeit angefertigt wird, und anschließend eine mündliche Prüfung von 15–30 Minuten, die gestalterische Grundfragen und Probleme der malerischen, grafischen, plastischen/räumlichen Darstellung in Bezug auf den gewünschten Studiengang zum Inhalt hat.

Hat man diese Hürde genommen, erhält man direkt die Zulassung oder kommt auf eine Warteliste (dies ist aber selten) und kann dann in ein oder zwei Semestern mit dem Studium beginnen. Wichtig ist, dass die erste Kontaktaufnahme mit in Frage kommenden Hochschulen etwa anderthalb Jahre vor dem Abitur erfolgt. Für die Anfertigung der künstlerischen Objekte kann man sich dann umgehend vom Kunstlehrer beraten lassen oder an der gewünschten Hochschule eine Mappen-Beratung in Anspruch nehmen.

Musik

An allen Hochschulen, die dieses Studienfach anbieten, ist eine Prüfung vorgegeben, die eine entsprechende musikalische Grundbegabung einschließlich Grundkenntnisse der Musikgeschichte und – in unterschiedlicher Gewichtung je nach Studienfach – eine entsprechende Stimme, gutes Gehör, theoretische Kenntnisse und die Beherrschung eines oder mehrerer Musikinstrumente nachweist. Auch hier sollten die Bewerbungsunterlagen mindestens ein Jahr vor dem Abitur angefordert werden, da man sich auf die Aufnahmeprüfung gründlich vorbereiten muss und die Auswahlverfahren sich über eine längere Zeit erstrecken. Häufig beginnen die Auswahlverfahren bereits Ende Januar für eine Studienaufnahme im kommenden Wintersemester.

Hier die Richtlinien für eine Aufnahmeprüfung am Beispiel der Hochschule für Musik und Theater Rostock für die Studiengänge Künstlerische Ausbildung und Instrumental- und Gesangspädagogik:

Prüfung im Hauptfach:

Prüfungsdauer: ca. 20 Minuten
Prüfungsinhalte: Vortrag der vorbereiteten Stücke. Die Werkauswahl sollte die Begabung, den Gestaltungswillen, die Interpretationsfähigkeit und die Kreativität des Bewerbers erkennen lassen.

Pflichtfach Klavier

Prüfungsdauer: ca. 10 Minuten
Prüfungsinhalte: Elementarkenntnisse im Fach Klavier sind für Sänger und Instrumentalisten Zulassungsvoraussetzung.
Vortrag mindestens zweier leichter bis mittelschwerer Werke aus verschiedenen Stilepochen, wie z. B.

> Bach, Notenbüchlein für Anna Magdalena
> Bach, Kleine Präludien
> Mozart, Salzburger Tanzbüchlein
> Schubert, Eccossaisen
> Schumann, Album für die Jugend

Tonsatz/Harmonielehre, Beherrschung der elementaren Musiklehre

Prüfungsdauer: 45-minütige Klausur, 45-minütige mündliche Prüfung (einschl. Gehörbildung)
Prüfungsinhalte:
1. Beherrschung der elementaren Musiklehre: Intervalle, Skalen (Dur, Moll, Kirchentonarten), Schlüssel (G, F und C), Akkorde (Dreiklänge, Dominantseptakkord und Umkehrungen)
2. Grundzüge der Harmonielehre: Generalbassbezifferung, Funktions- oder Stufentheorie, Kadenzen, vierstimmiger Satz

Gehörbildung

Prüfungsdauer: s. o.
Prüfungsinhalte:
1. Singen und Erkennen von Intervallen und Akkorden (Dominantseptakkord in Grundstellung)
2. leichte ein- und zweistimmige Musikdiktate
3. Nachvollziehen einfacher Kadenzabläufe und rhythmischer Prozesse
4. Vom-Blatt-Singen einer einfachen, tonalen Melodie

Spezielle Anforderungen für Instrumental- bzw. Gesangspädagogik

Feststellung pädagogischer Eignung anhand eines Gespräches (Dauer: ca. 10 Minuten)

Sport

Bei der Bewerbung für das Sportstudium muss man in Form einer Aufnahmeprüfung seine sportlichen Fähigkeiten in mehreren Sportarten (Mannschafts- und Individualsport) unter Beweis stellen. Bewerber mit breiter sportlicher Begabung haben normalerweise bessere Karten als Kandidaten, die in einer Sportart besonders ausgewiesen sind, aber in weiteren Sportarten eher mittelmäßig bis schlecht. Die Bewerbung für das Fach Sport erfolgt entweder an die Deutsche Sporthochschule Köln, die einzige Sporthochschule in Deutschland, oder an alle Universitäten und pädagogischen Hochschulen, die das Lehramtsfach Sport (mit Abschluss Staatsexamen) oder Bachelor-, Diplom- und Magisterstudiengänge in Sportwissenschaft anbieten.

Bescheinigungen über bisherige sportliche Aktivitäten, etwa ein aktuelles Sportabzeichen, Nachweise über Vereinsmitgliedschaften, Übungsleiterscheine und Trainerlizenzen sind in der Regel den Bewerbungsunterlagen beizufügen und sollten rechtzeitig bei den einschlägigen Einrichtungen erbeten werden.

Vielfach ist, bevor man dann an der Hochschule den praktischen Sport-Eignungstest ablegt, eine ärztliche Bescheinigung über die uneingeschränkte Sporttauglichkeit erforderlich. Diese Bescheinigung sollte zudem auch nicht älter als ein halbes Jahr sein.

Wer Leistungsfach Sport am Gymnasium gewählt hatte, sollte darauf achten, ob Teile des Eignungstests an der Hochschule durch gute Schulleistungen (etwa in der praktischen Abiturprüfung) bereits als bestanden gelten und man von Teilprüfungen befreit ist.

In der Regel gibt es ein oder zwei Termine im Jahr, an denen die Hochschule Sport-Eignungstests (mit je einem Ersatztermin für Kranke oder Verletzte) anbietet.

Einbezogen in die Prüfung werden grundsätzlich Leistungen in Leichtathletik, Geräteturnen, Schwimmen, Mannschaftsspielen (etwa Basketball, Fußball, Handball, Hockey, Volleyball) und Rückschlagspielen (Badminton, Tennis, Tischtennis). Bei einigen Hochschulen kommt Gymnastik/Tanz hinzu; es gibt auch die Variante, dass man eine Prüfung in Gymnastik/Tanz durch eine Prüfung in einem dritten Spiel ersetzen kann.

Für zukünftige Sportstudierende einige Beispiele für die Leistungsanforderungen in den Eignungsprüfungen:

Leichtathletik	Frauen	Männer
100-m-Lauf	16,0 Sek.	13,4 Sek.
3.000-m-Lauf	15:00 Min.	13.00 Min.
Weitsprung	3,50 m	4,75 m
Kugelstoßen	(4-kg-Kugel) 6,50 m	(6,25-kg-Kugel) 7,60 m
Hochsprung	1,20 m	1,40 m

Schwimmen	Frauen	Männer
100-m-Zeitschwimmen in beliebiger Ausführung	2,07 Min.	2,00 Min.
20 m Streckentauchen mit Sprung vom Startblock		
50 m Schwimmen ohne Unterbrechung , davon 25 m Wechselzugschwimmen (Kraul oder Rückenkraul) und 25 m Gleichzugschwimmen (Brust- oder Schmetterlingsschwimmen)		
Kopfsprung mit Anlauf vom 1- m-Brett mit den Leistungskriterien • min. 3 Schritte Anlauf (ruhiges Angehen) • Aufsatzsprung • Kopfsprung gestreckt, gehechtet oder gehockt • Eintauchwinkel ca. 45° zur Wasseroberfläche		

Mannschaftsspiele

Basketball: Spiel fünf gegen fünf (zweimal 10 Min.)	*Abwehr:* Halbfeld Mann-Mann-Verteidigung: Grundstellung zwischen Gegner und Korb, Front zum Gegner, Rücken zum Korb; Mitlaufen bei Gegenbewegungen; Helfen/Übernehmen, wenn benachbarte Spieler überspielt werden; zum Rebound gehen; Umschalten auf Angriff.	*Angriff:* Schnellangriff initiieren und mitlaufen, sich anspielbar verhalten; Außen- und Brettpositionen einnehmen; Schneidebewegungen zum Korb zeigen und wieder auf freien Positionen anbieten; Korbwurf- und Durchbruchsmöglichkeiten nutzen; zum Offensivrebound gehen/Rückraum sichern.
Handball: Spiel sieben gegen sieben	*Angriff:* Umschalten von Abwehr auf Angriff, Gegenstoßmöglichkeiten, langsame Aufbauphase, Spielaufbau, Verhalten in verschiedenen Angriffsspielerpositionen, Einhalten der Aufgaben im Angriffssystem 3:3.	*Abwehr:* Umschalten von Angriff auf Abwehr (schnelles bzw. verzögertes Zurückziehen), Verhalten in verschiedenen Abwehrspielerpositionen, Einhalten der Aufgaben im Abwehrsystem 3:2:1.

Fußball:	
Jonglieren mit dem Vollspann	Bei maximal drei Versuchen muss der Bewerber min. 25-mal mit dem Vollspann jonglieren.
Flanke des ruhenden Balles in ein Zielquadrat	Der Ball muss als Flugball mit dem Innenspann in ein 25 m entferntes Ziel gespielt werden.
Komplexübung Dribbling – Doppelpass – Torschuss	Der Bewerber spielt nach Dribbling durch eine Slalomstrecke einen Doppelpass an eine Schwedenbank und schießt danach den Ball mit einem beliebigen Spannstoß ins Tor.

Rückschlagspiele

Badminton: Ausführung nach Lehrerzuspiel	*Aufschlag:* hochweiter Aufschlag mit ausreichender Bewegungsqualität und entsprechender Schlagweite	*Vorhand Überkopf-Clear:* aus dem Grundlinienbereich bis in den Grundlinienbereich des gegnerischen Feldes	*Rückhand Überhand-Clear:* aus dem »Zentralen Bereich« bis in den Grundlinienbereich des gegnerischen Feldes
Tennis: Tie-Break-Spiel oder Grundlinienpunkte	*Technik:* funktionelle Schlagtechnik (Griffhaltung, Treffpunkt, Schlagökonomie) mit geringer Fehlerquote bei Aufschlag, Vorhand- und Rückhandgrundschlag	*Taktik:* situativ angemessene Spieltaktik und Beinarbeit bei Spielöffnung und Grundlinienspiel	

Geräteturnen

Sprung	Pferd quer gestellt (Höhe: Frauen 1,20 m, Männer 1,25 m; Brettabstand 1,10 m)	Bewertungskriterien: Beidbeiniger Absprung, gleichzeitiger Stütz und Abdruck der Hände Gerades Hocken, ohne dass die Füße das Pferd berühren Kontrollierte Landung auf beiden Füßen
Boden	Rolle vorwärts, Strecksprung mit halber Drehung Rolle rückwärts durch den Hockstütz oder Handstand Aufschwingen in den Handstand, Rückschwingen Anlauf, Anhüpfer und Rad	Bewertungskriterien: Bewegungsansatz mit geschlossenen Füßen; Strecksprung direkt aus der Rollbewebung Mit Streckung der Arme deutliches Freiwerden des Kopfes und der Schulter vom Boden; symmetrisches Stützen Handstand: gestreckter Körper, kontrolliertes Abrollen oder Rücksenken in die Schrittstellung Rad: gestreckter Körper; d. h. gestrecktes Hüftgelenk und durch die Senkrechte geturnt
Reck (schulterhoch)	Hüft-Aufschwung, Hüft-Umschwung, Felgunterschwung (kann auch nach einem Niedersprung aus dem Stand geturnt werden)	

Gymnastik/ Tanz (auf einer Fläche 12 x 12 m)		
in Tanz	Kürübung (ca. 60 Sekunden) nach vorgegebener Musik, die vom Prüfungsausschuss bereitgehalten wird. Ausblendung der Musik nach 60 Sekunden ab Musikbeginn (Zählwerk CD-Player)	Musikvorgaben: CD »Images«, Jean Michel Jarre, Stück Nr. 10 »Calypso 1« oder CD »Jenseits der Stille«, Stück Nr. 3 »Radtour«
in Gymnastik	Kürübung mit Handgerät (ohne Musik). Dauer der Übung: 60 Sekunden. Als Kürgerät kann gewählt werden: Ball (18–20 cm Durchmesser), Band (6 m) oder Gymnastikseil (Länge je nach Körpergröße, Durchmesser 1 cm) oder Reifen (80 oder 90 cm Durchmesser). Eigene Handgeräte dürfen verwendet werden. Falls die angegebenen Maße nicht eingehalten sind, wird von der Prüfungskommission das entsprechende Handgerät gestellt.	Grundlage für die Bewertung sind die Ausführung der gymnastisch-tänzerischen Grundformen und der gerätspezifischen Techniken, der Bewegungsfluss, die Übereinstimmung von Musik und Bewegung (Tanz) sowie die Ausnutzung des Raumes.

Journalistik, Publizistik und weitere Medienstudiengänge

Die Auswahl für diese Studiengänge ist darauf ausgerichtet, das vorhandene journalistische Potenzial, den Umgang mit den verschiedenen Medien und die mit dem späteren Beruf zusammenhängenden Schlüsselqualifikationen zu ermitteln.

An der Universität Mainz sieht die Eignungsprüfung für den Studiengang *Publizistikwissenschaft* so aus:
    Die Prüfung erstreckt sich über zwei Tage und besteht aus zwei Klau-

suren. Am ersten Tag beginnt die Klausur um 13.45 Uhr und dauert bis 18.00 Uhr, die zweite geht am folgenden Tag von 9.00 bis 12.00 Uhr.

Am ersten Prüfungstag werden schnelles Lesen, rasche Auffassungsgabe und das Unterscheiden zwischen Wichtigem und Unwichtigem geprüft. Dazu müssen die Bewerber beispielsweise fünfzehn eng bedruckte Seiten des Protokolls einer Bundestagsdebatte innerhalb von vier Stunden auf hundert Zeitungszeilen verdichten.

Am zweiten Prüfungstag sind Meinung und Originalität gefragt: Zu einem gegebenen Thema sind in drei Stunden 60 Zeilen Text zu schreiben.

Da die Texte maschinengeschrieben abgegeben werden müssen, sind ein Notebook oder ein anderer Computer mitzubringen. Einige Notebooks kann das Journalistische Seminar in Mainz zur Verfügung stellen. Für das Ausdrucken stehen Drucker bereit. Speichermedien zum Übertragen der Textdateien sind ebenfalls mitzubringen.

In den vergangenen Jahren wurde z. B. als Aufgabe gestellt, einen Bericht über die Bundestagsdebatte zur PISA-Studie oder zur Gen-Technik (am ersten Prüfungstag) zu verfassen. Als freie Themen (am zweiten Prüfungstag) waren zu behandeln:

- Der Fortschritt
- Das Lächeln
- Zeitungslesen
- »Nur keine Gefühle zeigen« – mancher ist überzeugt davon. Und Sie?
- Männer müssen Wehrdienst oder Ersatzdienst leisten. Sollten Frauen zum selben Dienst wie Männer oder einem vergleichbaren Dienst für die Gemeinschaft verpflichtet werden?

Die Hochschule Mittweida (FH) hat für die Studiengänge *Medientechnik* und *Medienmanagement* eine Zugangsaufgabe gestellt, die mit der Bewerbung eingereicht werden muss. Studieninteressenten sollen ein Thema in einer selbst ausgewählten Darstellungsform einreichen. (Zur Auswahl stehen Text, Hörfunkbeitrag, Video, Multimediaproduktion, zum Thema II ist auch eine Fotoserie möglich.) Folgende Themen standen 2005 zur Auswahl:

I. Die Amerikanisierung des deutschen TV-Programms – oder: Deutsches Fernsehen – gibt s das noch? Beschäftigen Sie sich bitte anhand eines konkreten Beispiels aus dem aktuellen deutschen Fernsehprogramm (öffentlich-rechtlich oder privat) mit dieser Frage und nehmen Sie Stellung.

II. »Ein Mensch, den ich nie vergesse«
Porträtieren Sie einen – nur einen – beliebigen Menschen aus Ihrem persönlichen Umfeld, den Sie für außergewöhnlich halten. Wichtig ist, dass aus Ihrem Beitrag deutlich wird, warum dieser Mensch jemand Besonderes für Sie ist.

Bei der Kombination mit der Darstellungsform Hörfunkbeitrag, Video, Multimediaproduktion oder Fotoserie muss es wenigstens ein Element geben, das Sie mit Ihrer außergewöhnlichen Person gemeinsam darstellt und das Besondere der Beziehung zwischen Ihnen beiden ausdrückt.

III. »Typisch deutsch!« – Was ist das?
Nehmen Sie bitte Eigenarten aufs Korn, die (angeblich) bezeichnend für Deutschland und die Deutschen sind. Sie können dabei sowohl auf persönliche Erfahrungen zurückgreifen als auch andere zu Wort kommen lassen.

IV. »Musik aus der Retorte – der Untergang der Tonträgerindustrie«
Wie steht es um »Handgemachte Musik« auf dem aktuellen Musikmarkt – gegenüber fast ausschließlich am Computer generierter Musik? Mit welcher Entwicklung rechnen Sie hier in den nächsten Jahren?

Nehmen Sie auch Stellung zu der These, dass es zwischen der Zunahme von billigen Musikproduktionen und der Krise der Tonträgerindustrie einen Zusammenhang gibt.

Überlegungen vor der Bewerbung um einen Studienplatz

Bin ich ein schriftlicher oder mündlicher Testtyp?

Das Bestehen oder Nichtbestehen eines Hochschulauswahlverfahrens hängt neben der notwendigen Vorbereitung wesentlich von der Art des Tests und der Einschätzung ab, ob man sich eher für einen mündlichen oder schriftlichen Testtyp hält.

Das Wesen eines schriftlichen Tests ist es, in einer vorgegebenen Zeit eine vorgegebene Zahl von Fragen entweder schriftlich oder in Form eines Multiple-Choice-Verfahrens zu beantworten. Bei einem schriftlichen Test ist keine Korrektur von Antworten möglich.

Beim mündlichen Test spielen wiederum andere Qualifikationen die entscheidende Rolle – sich in kurzer Zeit auf eine mündlich gestellte Frage eine Antwort einfallen zu lassen und diese glaubhaft, gedanklich und sprachlich durchdacht und mit der notwendigen Nachhaltigkeit vortragen zu können. Rückfragen bieten die Möglichkeit, die vorgetragene Antwort noch einmal zu überprüfen oder den Gedankengang noch einmal von vorne zu beginnen.

Grundsätzlich ist jeder eher ein schriftlicher oder mündlicher Typ. Als erste Orientierung dient die Erfahrung aus zwölf oder dreizehn Jahren Gymnasium. Wer oft schlechte Klausuren durch gute mündliche Prüfungen wettgemacht hat, sollte sich eher zum mündlichen Typ bekennen. Wer gute schriftliche Ergebnisse regelmäßig durch mäßige mündliche Prüfungen nicht halten konnte oder Angst vor mündlichen Prüfungen hat, sollte sich eher bei Hochschulen bewerben, wo das Auswahlverfahren nur aus schriftlichen Prüfungen oder einer kleinen mündlichen Zusatzprüfung besteht.

Die zweite Überlegung ist, ob es einem Spaß macht, vor anderen frei zu sprechen, und ob man über die notwendige rhetorische Sicherheit verfügt. Jede mündliche Schwäche kann sich durch Training verbessern. Ein Auswahlgespräch ist ebenfalls kein Buch mit sieben Siegeln und kann trainiert werden. Dennoch sollte man grundsätzlich für sich überlegen, ob man sich eher zum schriftlichen oder mündlichen Typ zählt. Die einfachste Überlegung hierbei ist, in welcher der beiden Prüfungsformen man sich am wenigsten unwohl fühlt.

Da es bei vielen Studiengängen die Möglichkeit gibt, sich an einer Hochschule zu bewerben, die entweder einen schriftlichen Hochschul-

Auswahltest verlangt oder die Studienplatzvergabe nach einem mündlichen Auswahlgespräch vornimmt, sollte unbedingt überlegt werden, ob man sich auf einem sicheren oder unsicheren Terrain bewegen möchte.

Sind Mehrfachbewerbungen sinnvoll oder nicht?

Wer sich für einen Studienplatz bewerben möchte, der nicht über die ZVS geht und bei dem auch keine freie Einschreibung möglich ist, sollte die Auswahl der in Frage kommenden Studiengänge und Hochschulen sehr genau planen.

Es macht keinen Sinn und erhöht auch nicht die Chancen, sich überall zu bewerben. Und dies aus zwei Gründen. Die Tests und Auswahlgespräche finden in aller Regel für den Studienbeginn Wintersemester zwischen Mitte Juli und Anfang September statt, für das Sommersemester zwischen Mitte Februar und Anfang April. Terminkollisionen sind somit vorprogrammiert. Außerdem sollte man sich gezielt auf den Auswahltest an der jeweiligen Hochschule *unter Einbeziehung des Hochschulortes* vorbereiten. Es genügt nicht allein, das geforderte Fachwissen parat zu haben. Wer die Antworten der Hochschullehrer für Bewerber in den Fragebögen am Ende des Buches aufmerksam liest, wird feststellen, dass auch Fragen zur Hochschule und zum Hochschulort gestellt werden. Wer simple Fragen, was man an der Hochschule studieren kann, warum man ausgerechnet diesen Hochschulort in die engere Wahl gezogen hat oder wie viele Mitstudenten einen dort erwarten, nicht beantworten kann oder in den Antworten meilenweit daneben liegt, wird kräftig Minuspunkte sammeln.

Umgekehrt ist es nicht sinnvoll, sich nur auf eine Hochschule und einen Studienplatz zu bewerben, weil niemand weiß, wie viele Mitkonkurrenten im Rennen sind und wer schließlich den Vorzug erhält.

Es sollte in jedem Fall mehr als eine Bewerbung sein, aber nicht mehr als fünf. Deshalb unser Rat: Nehmen Sie alle Hochschulen, an denen Sie sich vorstellen könnten, studieren zu wollen. Ziehen Sie die Hochschulen ab, wo der Testtyp nicht Ihrer Stärke entspricht. Machen Sie anschließend eine Reihung von den Hochschulen, an denen Sie, gäbe es keine Zulassungsbeschränkungen, am liebsten studieren würden, und bewerben Sie sich anschließend bei den ersten fünf, maximal sieben Hochschulen auf dieser Liste.

Bewerber haben normalerweise keinen Einfluss auf die Termine der Auswahltests. Schon aus diesem Grund ist es sinnvoll, sich auf einige

Hochschulen zu konzentrieren. Das statistische Prinzip, je mehr Versuche, desto mehr Treffer, funktioniert hier nicht. Besser ist es, sich auf wenige Tests gezielt vorzubereiten, als sein Glück mit der Statistik zu versuchen.

Also: Mehrfachbewerbungen ja, aber eine Obergrenze im Auge behalten!

Fahrplan: Von Stufe 12 zum Studienplatz

Abschließend erhalten Sie noch einige Tipps, wie Sie zwischen der Stufe 12, in der Sie sich so langsam Gedanken machen sollten über das, was nach dem Abitur kommt, und dem gelungenen Studienbeginn verfahren sollten.

Hierfür haben wir einen Fahrplan zusammengestellt, an dem Sie sich entlanghangeln und orientieren können:

Der optimale Fahrplan:

Anfang Stufe 12/2	– Entscheidung über Berufsausbildung oder Studium
Falls Berufsausbildung	– spätestens ein Jahr vor dem Abitur Bewerbung um den Ausbildungsplatz
Falls Studium: im Laufe von 13/1	– Zielfächer einkreisen – *Studieren, aber was?* durcharbeiten – Fachstudienführer besorgen – *Studieren, aber wo?* durcharbeiten und in Frage kommende Hochschulen heraussuchen – mehrere Studienberatungen um Informationsmaterial anschreiben oder auf den Websites der Hochschulen recherchieren – in Erfahrung bringen, ob der gewünschte Studiengang zulassungsfrei ist oder ob die Studienplätze durch eine Hochschulaufnahmeprüfung vergeben werden
April	– Studienberatung(en) aufsuchen – vor Ort umschauen – Gespräch mit Studierenden suchen

Mai/Juni	— Studienordnungen beschaffen
	– Entscheidung für Studienfach treffen
	– Studienortswahl treffen
	– erste Vorbereitung auf die Aufnahmeprüfung

31. Mai – 15. Juli	– Bewerbung bei der ZVS und/oder der
(resp. 30. November	Hochschule
oder 15. Januar)	– Bewerbung um einen Studentenwohnheimplatz
	beim Studentenwerk

| Juli/August | – intensive Vorbereitung auf die Aufnahme- |
| (resp. Januar/Februar) | prüfung |

| August/September | – Zulassungs- oder Ablehnungsbescheid |
| (resp. Februar/März) | |

Anschließend	– Einschreibung
	– Vorlesungsverzeichnis beschaffen
	– Fachstudienberater aufsuchen
	– Stundenplan erstellen
	– Einführungsveranstaltungen besuchen
	– sich mit den Örtlichkeiten vertraut machen

| 1. September | – Studienbeginn an den Fachhochschulen |
| (resp. 1. März) | |

1. Oktober	– Studienbeginn an den Universitäten
(resp. 1. April)	(die Lehrveranstaltungen beginnen etwa zwei
	Wochen später)

Tipps von Hochschullehrern
für Bewerber/-innen

In diesem Kapitel geben namhafte Hochschullehrer/-innen der Fächer, in denen ein Großteil der Studierenden eingeschrieben ist und für die Hochschulauswahlverfahren stattfinden, Auskunft, was sie von diesen Auswahlverfahren halten, welche Tipps und Ratschläge sie Studienbewerbern geben, um die Tests erfolgreich zu bestehen, und mit welchen Fragen Sie in einem solchen Auswahltest rechnen müssen.

Studieren Sie die Antworten Ihrer möglichen künftigen Prüfer sehr genau. Auch zwischen den Zeilen können Sie jede Menge Insider-Informationen sammeln, die für das Bestehen oder Nichtbestehen der Aufnahmeprüfung wichtig sein können.

Studieren Sie vor allem die Fragen, wo die Hochschullehrer/-innen gefragt werden, welche Kenntnisse und Schlüsselqualifikationen sie von ihren künftigen Studierenden erwarten.

Auch wenn die Antworten der Hochschullehrer je nach Fach ein wenig anders ausfallen, so sind dennoch Gemeinsamkeiten erkennbar:

- Alle Befragten begrüßen den Trend, dass sich die Hochschulen ihre künftigen Studierenden selbst auswählen können.
- Das Auswahlgespräch und die schriftliche Bewerbung mit Motivationsschreiben wird von den meisten bevorzugt gegenüber einem schriftlichen Studieneingangstest.
- Die Abitur-Durchschnittsnote spielt bei der Bewerberauswahl keine oder nur eine sehr geringe Rolle.
- Wert gelegt wird bei fast allen Befragten auf die Noten in Deutsch, Mathematik und Englisch sowie bei naturwissenschaftlichen Studiengängen auf die Noten in den naturwissenschaftlichen Fächern.
- Eine vorherige berufliche Ausbildung wird als nützlich, aber nicht als entscheidend für die Auswahl angesehen. Einschlägige Praktika haben auch einen hohen Stellenwert.
- Jeder der befragten Hochschullehrer legt bei den Bewerbern Wert auf die Beherrschung der deutschen Sprache.
- Gute Allgemeinbildung und ein breites Basiswissen des Faches werden für wichtiger gehalten als vertieftes Fachwissen oder Leistungskurse in der Oberstufe.
- Die wenigsten der Befragten würden Fachwissen abfragen. Weit

wichtiger ist ihnen, mehr über die Persönlichkeit der Bewerber in Erfahrung zu bringen, ihre Studienmotivation und ihre Vorstellungen vom künftigen Studium zu erfragen und dabei auch die so genannten »Soft Skills« in die Kandidatenauswahl einzubeziehen.

Tipp! Die drei zentralen Fragen eines Auswahlgesprächs sind:

- *Warum wollen Sie dieses Fach studieren?*
- *Welche fachlichen und persönlichen Voraussetzungen und welche Motivation bringen Sie für dieses Studienfach mit?*
- *Warum wollen Sie dieses Fach bei uns studieren?*

Fach: Betriebswirtschaftslehre

Fragen an:
> Herrn Prof. Dr. rer. pol. (habil.) Franz Peter Lang, Düsseldorf,
> Präsident des Bundesverbandes deutscher Volks- und Betriebswirte
> e. V.

1. *In immer mehr Fächern reicht das Abitur als alleinige Zugangs-*
voraussetzung zu einem Studium nicht mehr aus. Studienbewerber
müssen Hochschulauswahlverfahren in Form von schriftlichen
Bewerbungen mit Motivationsschreiben, mündlichen Auswahlge-
sprächen oder schriftlichen Studieneignungstests durchlaufen.
Tendenz steigend. Die Hochschulen können sich, wie das in anderen
Ländern gängige Praxis ist, ihre Studierenden selbst auswählen.
Was halten Sie von dieser Entwicklung?
Davon halte ich grundsätzlich viel, die Personalausstattung der
Hochschulen würde es aber nicht erlauben.

2. *Welche Form der oben genannten drei Auswahlverfahren (schrift-*
liche Bewerbung mit Motivationsschreiben, mündliches
Auswahlgespräch, schriftlicher Studieneignungstest) würden Sie für
Ihr Fach bevorzugen? Und warum?
Ich würde ein mündliches Auswahlgespräch bevorzugen, es gibt
den besten persönlichen Eindruck.

3. *Welche Bedeutung hat Ihrer Meinung nach die Abiturdurch-*
schnittsnote für die Studieneignung, die bisher in den
zulassungsbeschränkten Studiengängen das Hauptauswahlkrite-
rium war?
Die Abiturdurchschnittsnote gibt nur eine vage Information
bezüglich der Leistungsfähigkeit. Wichtiger sind die Noten in den
einzelnen Fächern und die Fächerwahl.

4. *In welchen Schulfächern sollten künftige Studierende Ihres Fachs*
besonders gute Noten haben?
Deutsch, Mathematik und Englisch.

5. *Würden Sie jemand zum Studium Ihres Fachs zulassen, der in die-*
sem Fach nur eine durchschnittliche oder sogar schlechte Note im
Abiturzeugnis hat?

Das hängt von der Persönlichkeit des Bewerbers ab. Darum auch ein Auswahlgespräch.

6. *Was sollten begabte Studierende für Ihr Fach mitbringen, was sich nicht an den Schulnoten ablesen lässt?*
Sie sollten eine positive Ausstrahlung (Langfristerfolg) mitbringen sowie Stehvermögen und eine kritische Grundhaltung.

7. *Für wie wichtig halten Sie eine vorherige berufliche Ausbildung und, falls ja, welche würden Sie empfehlen?*
Eine vorherige Ausbildung halte ich für hilfreich, aber nicht wirklich für wichtig.

8. *Würden Sie in einem Test die Allgemeinbildung eines Bewerbers und die Beherrschung der deutschen Sprache testen?*
Ja.

9. *Was ist nach Ihrer Meinung wichtiger, dass der/die Studienbewerber/-in möglichst bereits vertieftes Fachwissen, z. B. durch Leistungskurse an der Oberstufe, mitbringt oder dass er oder sie über eine gute Allgemeinbildung und ein breites Basiswissen verfügt?*
Ich halte Letzteres für wichtiger.

10. *Würden Sie bei einem Studieneignungstest Fachwissen abfragen und, falls ja, welches? (Könnten Sie hier vielleicht einige Beispiele nennen?)*
Nein.

11. *Wenn Sie nur drei Fragen stellen dürften, um eine/-n Studienbewerber/-in auszuwählen, welche drei Fragen würden Sie stellen?*
Würden Sie die Freude am Job einem höheren Gehalt vorziehen?
Ist der Bundeskanzler für Sie ein Vorbild?
Welches sind die Länder mit den höchsten Bruttoinlandsprodukten?

12. *Wie sollte sich der/die Bewerber/-in Ihrer Meinung nach auf das Studium oder das Auswahlverfahren vorbereiten?*
Der/Die Bewerber/-in sollte üben, ruhig und in kurzen Sätzen zu antworten.

Fach: Biologie und Biowissenschaften

Fragen an:
Dr. Georg Kääb, München, Geschäftsführer des Verbandes
Deutscher Biologen und biowissenschaftlicher Fachgesellschaften

1. *In immer mehr Fächern reicht das Abitur als alleinige Zugangsvo-
raussetzung zu einem Studium nicht mehr aus. Studienbewerber
müssen Hochschulauswahlverfahren in Form von schriftlichen
Bewerbungen mit Motivationsschreiben, mündlichen Auswahlgesprächen oder schriftlichen Studieneignungstests durchlaufen.
Tendenz steigend. Die Hochschulen können sich, wie das in anderen
Ländern gängige Praxis ist, ihre Studierenden selbst auswählen.
Was halten Sie von dieser Entwicklung?*
Wenn die Schüler entsprechend darauf vorbereitet sind, ist das
positiv, weil man von zusätzlicher und »echter« Motivation dann
ausgehen kann.

2. *Welche Form der oben genannten drei Auswahlverfahren (schriftliche Bewerbung mit Motivationsschreiben, mündliches Auswahlgespräch, schriftlicher Studieneignungstest) würden Sie für Ihr Fach
bevorzugen? Und warum?*
Die erste »Hürde« sollte der schriftliche Studieneignungstest
sein. Dieser sollte sich an Abiturstandards im Fach Biologie orientieren, aber auch Allgemeinwissen abfragen. Sollte die Gruppe
derer, die diesen bestehen, immer noch zu groß sein, sollten
anschließend noch mündliche Auswahlgespräche in Gruppen
stattfinden.

3. *Welche Bedeutung hat Ihrer Meinung nach die Abiturdurchschnittsnote für die Studieneignung, die bisher in den zulassungsbeschränkten Studiengängen das Hauptauswahlkriterium war?*
Keine direkte. Eher ist nur die indirekte Aussage dadurch
möglich: »guter Schüler/gute Schülerin, ist also interessiert,
lernwillig«. Aussagekräftiger sind die Noten in den Naturwissenschaften sowie Englisch, das als Wissenschaftssprache immer
wichtiger wird.

4. *In welchen Schulfächern sollten künftige Studierende Ihres Fachs besonders gute Noten haben?*
Naturwissenschaften allgemein, Mathematik, Englisch und Deutsch.

5. *Würden Sie jemand zum Studium Ihres Fachs zulassen, der in diesem Fach nur eine durchschnittliche oder sogar schlechte Note im Abiturzeugnis hat?*
Wenn es nur nach Zeugnisnote ginge, eher nein. Durch ein persönliches Auswahlgespräch oder die Bewertung von schulischem Engagement (Teilnahme an Wettbewerben wie Biologieolympiade, Jugend forscht) könnten wichtig(er)e Zusatzinformationen über die Person erlangt werden.

6. *Was sollten begabte Studierende für Ihr Fach mitbringen, was sich nicht an den Schulnoten ablesen lässt?*
Sichtbares Engagement. D. h. beispielsweise die Teilnahme bei den o. g. Wettbewerben oder auch beispielsweise ein Praktikum in den Ferien (wo auch immer) oder Aktivitäten in der Jugendarbeit ... Vielseitige Interessen auch in kultureller Hinsicht zeigen, dass die zukünftigen Studierenden auch über den Tellerrand hinausschauen können.

7. *Für wie wichtig halten Sie eine vorherige berufliche Ausbildung und, falls ja, welche würden Sie empfehlen?*
Eine direkte »berufliche« Ausbildung kann nicht für alle empfohlen werden oder gar vorgeschrieben sein. Prinzipiell ist eine thematisch nahe »Vorab-Berufserfahrung« natürlich nützlich (Ausbildung zum BTA oder Biologielaborant). Ein Praktikum langte sicherlich jedoch, um neben dem reinen Schulalltag auch einen Blick in einen Betrieb zu erlangen und die unterschiedlichen Arbeitsebenen dort kennen zu lernen.

8. *Würden Sie in einem Test die Allgemeinbildung eines Bewerbers und die Beherrschung der deutschen Sprache testen?*
Ja, Begründung siehe oben.

9. *Was ist nach Ihrer Meinung wichtiger, dass der/die Studienbe-*
werber/-in möglichst bereits vertieftes Fachwissen, z. B. durch
Leistungskurse an der Oberstufe, mitbringt oder dass er oder sie
über eine gute Allgemeinbildung und ein breites Basiswissen
verfügt?
Man kann das »Fachwissen« aus dem Schulbereich unmöglich
mit den Anforderungen im Studium vergleichen, man kann hier
auch nur in Maßen darauf aufbauen wollen. Tatsächlich soll die
Schulausbildung dazu dienen, dem Schüler das für ihn richtige
Fach nahe zu bringen Dieses Fach muss aber dann im Studium
noch mal ganz anders erarbeitet werden.
Für den Schüler selbst wird es hilfreich sein, den entsprechenden
Leistungskurs gewählt zu haben. Ob jemand im Studium besteht,
hängt aber sicherlich nicht von der Wahl des Leistungskurses ab.
Gleichzeitig ist die Leistungskurswahl auch keine »Garantie«,
dass man damit gut fürs Studium vorbereitet ist.

10. *Würden Sie bei einem Studieneignungstest Fachwissen abfragen*
und, falls ja, welches? (Könnten Sie hier vielleicht einige Beispiele
nennen?)
Hierzu ist Deutschland Jahre zurück. Zentralabiture sind bislang
nur in einzelnen Bundesländern vorgeschrieben, in anderen werden sie derzeit (für 2007) eingeführt. Es müssen also allgemeine
»Abiturstandards« für die Fächer erst noch erarbeitet werden,
diese könnte man dann abfragen.
In den Ländern mit Zentralabitur wird sicherlich so verfahren
werden.

11. *Wenn Sie nur drei Fragen stellen dürften, um eine/n Studienbe-*
werber/-in auszuwählen, welche drei Fragen würden Sie stellen?
Wo haben Sie die Informationen zu diesem Studium her?
Was möchten Sie mit dem Abschlusszeugnis in der Hand
anstellen?
Welche Biologen/-innen kennen Sie, und würden Sie eine/-n
davon Ihr »Vorbild« nennen?

12. *Wie sollte sich der/die Bewerber/-in Ihrer Meinung nach auf das Studium oder das Auswahlverfahren vorbereiten?*
Netzwerke Schule-Uni nutzen; Abiturstoff beherrschen; sich über den eigenen Lebensplan klar werden; Personen, die ihm/ihr aus dieser Fachrichtung eindrucksvoll erscheinen, befragen; Informationen zu Studium und Berufschancen aus allen erdenklichen Quellen besorgen (eine empfehlenswerte Auswahl s. u.).

Wichtige Links und Buchhinweise:

Linktipps:
http://www.vdbiol.de
Das Informationsnetzwerk in den Biowissenschaften, insbesondere die Rubriken »Ausbildung«, »Publikationen«

Die Infobroschüre *Perspektiven von und für Biologen* (ISBN 3-9806803-0-4) zeigt aktuelle Lebenswege als Entscheidungshilfen für die Berufswahl auf: »Was kann man/frau überhaupt mit dem Studium hinterher werden/machen«

Der *Studienführer Biologie – Biochemie – Biotechnologie – Biomedizin* (ISBN 3-8274-1529-2) beschreibt die biowissenschaftlichen Studiengänge an allen deutschen Universitäten, Fachhochschulen und Pädagogischen Hochschulen, *http://www.studienfuehrer-bio.de*

Fach: Chemie und Lebensmittelchemie

Fragen an:
Herrn Prof. Dr. Henning Hopf, Frankfurt am Main, Präsident der
Gesellschaft Deutscher Chemiker e. V.

1. *In immer mehr Fächern reicht das Abitur als alleinige Zugangs-*
   voraussetzung zu einem Studium nicht mehr aus. Studienbewerber
   müssen Hochschulauswahlverfahren in Form von schriftlichen
   Bewerbungen mit Motivationsschreiben, mündlichen Auswahlge-
   sprächen oder schriftlichen Studieneignungstests durchlaufen.
   Tendenz steigend. Die Hochschulen können sich, wie das in anderen
   Ländern gängige Praxis ist, ihre Studierenden selbst auswählen.
   Was halten Sie von dieser Entwicklung?
   Ich begrüße diese Entwicklung. Das Abitur sollte notwendige,
   aber nicht hinreichende Voraussetzung für ein Studium sein. Das
   klassische Gymnasium entwickelt sich immer mehr in Richtung
   »High-School«. Das kann nicht anders sein, wenn 40 bis 50
   Prozent eines Jahrgangs Abitur machen. Studierfähigkeit im tra-
   ditionellen Sinne ist damit nicht mehr gegeben.

2. *Welche Form der oben genannten drei Auswahlverfahren (schrift-*
   liche Bewerbung mit Motivationsschreiben, mündliches Auswahl-
   gespräch, schriftlicher Studieneignungstest) würden Sie für Ihr Fach
   bevorzugen? Und warum?
   Ich würde das mündliche Auswahlgespräch gekoppelt mit einem
   Studieneignungstest bevorzugen.
   Allerdings: Die Hochschule ist auf diese wichtige, zeitraubende
   Aufgabe nicht vorbereitet. Dazu ist vor allen Dingen mehr Personal erforderlich. Mit dem derzeitigen Personal kann diese
   essentielle Aufgabe kaum bewältigt werden.

3. *Welche Bedeutung hat Ihrer Meinung nach die Abiturdurch-*
   schnittsnote für die Studieneignung, die bisher in den
   zulassungsbeschränkten Studiengängen das Hauptauswahlkriterium
   war?
   Die Abiturnote sagt schon etwas über die Qualität eines Schülers/
   einer Schülerin aus. Die Fälle, bei denen schlecht benotete Schüler
   sich zu exzellenten Studenten entwickeln, dürften extrem selten
   sein.

4. *In welchen Schulfächern sollten künftige Studierende Ihres Fachs besonders gute Noten haben?*
Deutsch, Sprachen und Naturwissenschaften.

5. *Würden Sie jemand zum Studium Ihres Fachs zulassen, der in diesem Fach nur eine durchschnittliche oder sogar schlechte Note im Abiturzeugnis hat?*
Er/ Sie müsste die schlechte Note durch eine besondere Leistung wettmachen. Schlechte Noten signalisieren ja auch Desinteresse am Lernen. Sie sind keine gute Voraussetzung für ein Studium.

6. *Was sollten begabte Studierende für Ihr Fach mitbringen, was sich nicht an den Schulnoten ablesen lässt?*
Neugier, Freude am Lernen, Durchhaltevermögen, Humor und Gelassenheit.

7. *Für wie wichtig halten Sie eine vorherige berufliche Ausbildung und, falls ja, welche würden Sie empfehlen?*
Ich würde in einen praktischen Beruf gehen: Laborant, Tischler, Handwerker allgemein oder auch eine landwirtschaftliche Ausbildung machen. Bei allen Berufen aus dem »Dienstleistungsbereich, Medien etc.« wäre ich vorsichtig.

8. *Würden Sie in einem Test die Allgemeinbildung eines Bewerbers und die Beherrschung der deutschen Sprache testen?*
Ja.

9. *Was ist nach Ihrer Meinung wichtiger, dass der/die Studienbewerber/-in möglichst bereits vertieftes Fachwissen, z. B. durch Leistungskurse an der Oberstufe, mitbringt oder dass er oder sie über eine gute Allgemeinbildung und ein breites Basiswissen verfügt?*
Eindeutig ist eine gute Allgemeinbildung und ein breites Basiswissen wichtiger. Sprachkenntnisse und Philosophie sind wichtiger als z. B. Spezialkenntnisse in der Chemie.

10. *Würden Sie bei einem Studieneignungstest Fachwissen abfragen und, falls ja, welches? (Könnten Sie hier vielleicht einige Beispiele nennen?)*
Fachwissen würde ich allenfalls abfragen, wenn man daraus Denkfähigkeit und Kombinationsgabe erkennen kann.
Ein Beispiel aus der Chemie: Ich würde den Prüfling etwas über das periodische System der Elemente fragen, nicht aber etwas über ein chemisches Element.

11. *Wenn Sie nur drei Fragen stellen dürften, um eine/-n Studienbewer-ber/-in auszuwählen, welche drei Fragen würden Sie stellen?*
Warum wollen Sie gerade dieses Fach studieren?
Warum ist die Welt so vielfältig?
Was wissen Sie über andere Länder, Menschen?

12. *Wie sollte sich der/die Bewerber/-in Ihrer Meinung nach auf das Studium oder das Auswahlverfahren vorbereiten?*
Durch regelmäßigen, jahrelangen Schulbesuch, durch Lernen und Üben sowie durch möglichst große Abstinenz vom Fernse-hen, Computer etc. – stattdessen lieber lesen.

Fach: Geografie und Geowissenschaften

Fragen an:
Prof. Dr. Elmar Kulke, Bonn, Vorsitzender des Verbandes der
Geografen an deutschen Hochschulen

1. *In immer mehr Fächern reicht das Abitur als alleinige Zugangs-
   voraussetzung zu einem Studium nicht mehr aus. Studienbewerber
   müssen Hochschulauswahlverfahren in Form von schriftlichen
   Bewerbungen mit Motivationsschreiben, mündlichen Auswahlge-
   sprächen oder schriftlichen Studieneignungstests durchlaufen.
   Tendenz steigend. Die Hochschulen können sich, wie das in anderen
   Ländern gängige Praxis ist, ihre Studierenden selbst auswählen.
   Was halten Sie von dieser Entwicklung?*
   **Grundsätzlich ist eine Auswahl von Studierenden basierend auf
   fachspezifischen Kriterien und Auswahlgesprächen der richtige
   Weg – es stehen einer vollständigen Verwendung dieses Systems
   nur Kapazitätsprobleme an den Unis entgegen.**

2. *Welche Form der oben genannten drei Auswahlverfahren (schrift-
   liche Bewerbung mit Motivationsschreiben, mündliches
   Auswahlgespräch, schriftlicher Studieneignungstest) würden Sie für
   Ihr Fach bevorzugen? Und warum?*
   **Schriftliche Bewerbung mit Motivationsschreiben und
   Auswahlgespräche.**

3. *Welche Bedeutung hat Ihrer Meinung nach die Abiturdurchschnittsnote für die Studieneignung, die bisher in den
   zulassungsbeschränkten Studiengängen das Hauptauswahlkriterium
   war?*
   **Eine sehr hohe, da sie doch die Gesamtleistung der zukünftigen
   Studierenden ausdrückt.**

4. *In welchen Schulfächern sollten künftige Studierende Ihres Fachs
   besonders gute Noten haben?*
   **Erdkunde/Geografie,
   Englisch (immer mehr wissenschaftliche Publikations- und
   Fachsprache),
   Mathematik (wg. Statistik, Informatik).**

5. *Würden Sie jemand zum Studium Ihres Fachs zulassen, der in diesem Fach nur eine durchschnittliche oder sogar schlechte Note im Abiturzeugnis hat?*
Eher nein.

6. *Was sollten begabte Studierende für Ihr Fach mitbringen, was sich nicht an den Schulnoten ablesen lässt?*
Präsentationsfähigkeiten (für Referate und spätere Berufstätigkeiten),
Problemlösungskompetenz (d. h. selbstständige Materialauswertung → Empfehlung).

7. *Für wie wichtig halten Sie eine vorherige berufliche Ausbildung und, falls ja, welche würden Sie empfehlen?*
Eher weniger wichtig.

8. *Würden Sie in einem Test die Allgemeinbildung eines Bewerbers und die Beherrschung der deutschen Sprache testen?*
Ja.

9. *Was ist nach Ihrer Meinung wichtiger, dass der/die Studienbewerber/-in möglichst bereits vertieftes Fachwissen, z. B. durch Leistungskurse an der Oberstufe, mitbringt oder dass er oder sie über eine gute Allgemeinbildung und ein breites Basiswissen verfügt?*
Eher wichtig ist eine gute Allgemeinbildung und ein breites Basiswissen, da die Detailkenntnisse im Studium vermittelt werden.

10. *Würden Sie bei einem Studieneignungstest Fachwissen abfragen und, falls ja, welches? (Könnten Sie hier vielleicht einige Beispiele nennen?)*
Grundkenntnisse in allgemeiner Geografie (physischer Geografie und Humangeografie).

11. *Wenn Sie nur drei Fragen stellen dürften, um eine/-n Studienbewerber/-in auszuwählen, welche drei Fragen würden Sie stellen?*
Begründen Sie, warum Sie Geografie studieren wollen!
Was versteht man unter »Allgemeiner Geografie«?
Welche Berufstätigkeit streben Sie an?

12. *Wie sollte sich der/die Bewerber/-in Ihrer Meinung nach auf das Studium oder das Auswahlverfahren vorbereiten?*
Schnupperstudium durch Teilnahme an Lehrveranstaltungen, Informationen über Studienverlauf in einem Geografischen Institut und über Info-Material.

Fach: Informatik

Fragen an:
Prof. Dr. Ulrich Bühler, Hochschule Fulda, FB Angewandte Informatik, Fulda

1. *In immer mehr Fächern reicht das Abitur als alleinige Zugangsvoraussetzung zu einem Studium nicht mehr aus. Studienbewerber müssen Hochschulauswahlverfahren in Form von schriftlichen Bewerbungen mit Motivationsschreiben, mündlichen Auswahlgesprächen oder schriftlichen Studieneignungstests durchlaufen. Tendenz steigend. Die Hochschulen können sich, wie das in anderen Ländern gängige Praxis ist, ihre Studierenden selbst auswählen. Was halten Sie von dieser Entwicklung?*
   Zulassungsverfahren sind sinnvoll, wenn die Bewerberzahlen größer als die vorhandenen Kapazitäten sind.

2. *Welche Form der oben genannten drei Auswahlverfahren (schriftliche Bewerbung mit Motivationsschreiben, mündliches Auswahlgespräch, schriftlicher Studieneignungstest) würden Sie für Ihr Fach bevorzugen? Und warum?*
   Auswahlgespräch auf Basis eines vorherigen Zulassungsverfahrens (notenbasiert, u. a. Mathe, Deutsch) mit Rangliste, um den Aufwand klein zu halten.

3. *Welche Bedeutung hat Ihrer Meinung nach die Abiturdurchschnittsnote für die Studieneignung, die bisher in den zulassungsbeschränkten Studiengängen das Hauptauswahlkriterium war?*
   Wichtig, aber nicht überzubewerten, da hier wichtige Fächer wie Mathe, Deutsch, Englisch und Informatik gegenüber anderen (wie Sport, Religion, Latein, Musik, Kunst etc.) unterbewertet sein können.

4. *In welchen Schulfächern sollten künftige Studierende Ihres Fachs besonders gute Noten haben?*
   Mathe, Deutsch, Englisch und Informatik

5. *Würden Sie jemand zum Studium Ihres Fachs zulassen, der in diesem Fach nur eine durchschnittliche oder sogar schlechte Note im Abiturzeugnis hat?*
Gegebenenfalls, hängt von der Bewerbersituation ab, aber unabhängig davon: nein.

6. *Was sollten begabte Studierende für Ihr Fach mitbringen, was sich nicht an den Schulnoten ablesen lässt?*
Logisches Denken, Kritikfähigkeit, Begeisterung für Informatik.

7. *Für wie wichtig halten Sie eine vorherige berufliche Ausbildung und, falls ja, welche würden Sie empfehlen?*
Nicht so wichtig.

8. *Würden Sie in einem Test die Allgemeinbildung eines Bewerbers und die Beherrschung der deutschen Sprache testen?*
Unbedingt.

9. *Was ist nach Ihrer Meinung wichtiger, dass der/die Studienbewerber/-in möglichst bereits vertieftes Fachwissen, z. B. durch Leistungskurse an der Oberstufe, mitbringt oder dass er oder sie über eine gute Allgemeinbildung und ein breites Basiswissen verfügt?*
Unentschieden. Beides ist wichtig.

10. *Würden Sie bei einem Studieneignungstest Fachwissen abfragen und, falls ja, welches? (Könnten Sie hier vielleicht einige Beispiele nennen?)*
Nur im allgemeinen Kontext (Fachwissen in engerem Sinne ist für ein Hochschulstudium nicht Voraussetzung und kann daher nicht ex ante abgeprüft werden!).

**Z. B. Wie kommuniziert ein PC mit anderen im Internet?
Was ist das Internet?
Wo lauern Gefahren für Ihren PC?**

11. *Wenn Sie nur drei Fragen stellen dürften, um eine/-n Studienbe-werber/-in auszuwählen, welche drei Fragen würden Sie stellen?*
Warum wollen Sie Informatik studieren?
Was ist die kleinste Informationseinheit eines Speichers?
Lösen Sie die quadratische Gleichung $ax^2 + bx + c = 0$!

12. *Wie sollte sich der/die Bewerber/-in Ihrer Meinung nach auf das Studium oder das Auswahlverfahren vorbereiten?*
Gute Kenntnisse in Mathematik, in Wort und Schrift aneignen.
Begeisterung für Informatik besitzen.

Fach: Ingenieurstudiengänge (Universität)

Fragen an:

Herrn Prof. Dr.-Ing. Wolfgang Marquardt, Aachen, Stellvertretender Vorsitzender des Fakultätentages für Maschinenbau und Verfahrenstechnik

1. *In immer mehr Fächern reicht das Abitur als alleinige Zugangsvoraussetzung zu einem Studium nicht mehr aus. Studienbewerber müssen Hochschulauswahlverfahren in Form von schriftlichen Bewerbungen mit Motivationsschreiben, mündlichen Auswahlgesprächen oder schriftlichen Studieneignungstests durchlaufen. Tendenz steigend. Die Hochschulen können sich, wie das in anderen Ländern gängige Praxis ist, ihre Studierenden selbst auswählen. Was halten Sie von dieser Entwicklung?*

   Ich stimme dieser Entwicklung zu. Diese Entwicklung mag ja wegen der faktischen Entwertung des Abiturs als bedauerlich angesehen werden. Hochschulen können allerdings ihre Standards nur halten oder verbessern und gleichzeitig, wie politisch gefordert, die Abbruchquoten senken, wenn eine Eingangskontrolle gemacht wird. Hochschulen, die Eignungsprüfungen vornehmen, werden mittelfristig auch für überdurchschnittliche Abiturienten attraktiver. Damit wird auch ein Profilierungsschub für die Hochschule erreicht.

2. *Welche Form der oben genannten drei Auswahlverfahren (schriftliche Bewerbung mit Motivationsschreiben, mündliches Auswahlgespräch, schriftlicher Studieneignungstest) würden Sie für Ihr Fach bevorzugen? Und warum?*

   Ich würde die schriftliche Bewerbung mit Motivationsschreiben und das mündliche Auswahlgespräch vorziehen, wäre aber gegen einen Studieneignungstest.

   Ich halte von einem standardisierten Eignungstest für eine endgültige Entscheidung über eine Zulassung nichts. Er wird weder der Vielfalt der Kenntnisse und Persönlichkeitsprofile noch der reichhaltigen Möglichkeiten einer Ingenieurtätigkeit gerecht. Der Eignungstest kann allenfalls ein erster Filter sein. Die schriftliche Bewerbung und das Auswahlgespräch sollten kombiniert werden, um den Aufwand im Griff zu halten und um eine hohe Entscheidungssicherheit zu erzielen.

3. *Welche Bedeutung hat Ihrer Meinung nach die Abiturdurch-schnittsnote für die Studieneignung, die bisher in den zulassungs-beschränkten Studiengängen das Hauptauswahlkriterium war?*
Sie ist nach wie vor ein wichtiger Parameter, muss aber stets im Zusammenhang mit der Wahl der Leistungskurse, mit dem Bundesland oder gar der speziellen Schule im Hinterkopf bewertet werden.

4. *In welchen Schulfächern sollten künftige Studierende Ihres Fachs besonders gute Noten haben?*
Sie sollten besonders gute Noten haben in Mathematik und Naturwissenschaften, mit geringerer Priorität sind aber auch Deutsch und Englisch wichtig.

5. *Würden Sie jemand zum Studium Ihres Fachs zulassen, der in diesem Fach nur eine durchschnittliche oder sogar schlechte Note im Abiturzeugnis hat?*
Ich würde niemanden mit einer schlechten Note in Mathematik und den Naturwissenschaften zulassen, für die Sprachen würde aber eine durchschnittliche Note ausreichen.

6. *Was sollten begabte Studierende für Ihr Fach mitbringen, was sich nicht an den Schulnoten ablesen lässt?*
Initiative, Ehrgeiz, Selbstmotivationsfähigkeit, Disziplin, Durchhaltevermögen und Sorgfalt.

7. *Für wie wichtig halten Sie eine vorherige berufliche Ausbildung und, falls ja, welche würden Sie empfehlen?*
Die berufliche Ausbildung ist sicher eine Bereicherung, aber nur in Ausnahmefällen gerechtfertigt und empfehlenswert.

8. *Würden Sie in einem Test die Allgemeinbildung eines Bewerbers und die Beherrschung der deutschen Sprache testen?*
Ja.

9. *Was ist nach Ihrer Meinung wichtiger, dass der/die Studienbe-*
werber/-in möglichst bereits vertieftes Fachwissen, z. B. durch
Leistungskurse an der Oberstufe, mitbringt oder dass er oder sie
über eine gute Allgemeinbildung und ein breites Basiswissen ver-
fügt?
Tiefe und Breite gehören zusammen. Das Fachwissen muss allerdings höher bewertet werden.

10. *Würden Sie bei einem Studieneignungstest Fachwissen abfragen*
und, falls ja, welches? (Könnten Sie hier vielleicht einige Beispiele
nennen?)
Nein, das bliebe exemplarisch und ließe höchstens bei einem persönlichen Gespräch (mündliche Prüfung) sichere Schlüsse zu.

11. *Wenn Sie nur drei Fragen stellen dürften, um eine/-n Studienbewer-*
ber/-in auszuwählen, welche drei Fragen würden Sie stellen?
Warum wollen Sie genau dieses Fach studieren?
Mögen Sie Mathematik?
Welche Interessen haben Sie im geistes-/ gesellschaftswissen-
schaftlichen Bereich?

12. *Wie sollte sich der/die Bewerber/-in Ihrer Meinung nach auf das*
Studium oder das Auswahlverfahren vorbereiten?
Gar nicht, dazu hatte er/sie ca. 18–19 Jahre Zeit.

Fach: Ingenieurstudiengänge (Fachhochschule)

Fragen an:
Herrn Prof. Dr.-Ing. Hans-Rainer Klemkow, Wismar,
Vorsitzender des Fachbereichstages Maschinenbau

1. *In immer mehr Fächern reicht das Abitur als alleinige Zugangsvo-
raussetzung zu einem Studium nicht mehr aus. Studienbewerber
müssen Hochschulauswahlverfahren in Form von schriftlichen
Bewerbungen mit Motivationsschreiben, mündlichen Auswahlge-
sprächen oder schriftlichen Studieneignungstests durchlaufen.
Tendenz steigend. Die Hochschulen können sich, wie das in anderen
Ländern gängige Praxis ist, ihre Studierenden selbst auswählen.
Was halten Sie von dieser Entwicklung?*
**Diese Entwicklung ist in Ordnung, es wird somit eine Voraus-
wahl getroffen und die Abbruchquote stark gesenkt; die
Ausbildung ist effektiver.**

2. *Welche Form der oben genannten drei Auswahlverfahren (schriftli-
che Bewerbung mit Motivationsschreiben, mündliches
Auswahlgespräch, schriftlicher Studieneignungstest) würden Sie für
Ihr Fach bevorzugen? Und warum?*
Ich würde den Studieneignungstest bevorzugen.

3. *Welche Bedeutung hat Ihrer Meinung nach die Abiturdurchschnittsnote für die Studieneignung, die bisher in den
zulassungsbeschränkten Studiengängen das Hauptauswahlkriterium
war?*
**Ich halte die Noten in den studienrelevanten Fächern für
wichtiger.**

4. *In welchen Schulfächern sollten künftige Studierende Ihres Fachs
besonders gute Noten haben?*
Mathematik, Physik, Naturwissenschaften und Deutsch.

5. *Würden Sie jemand zum Studium Ihres Fachs zulassen, der in diesem Fach nur eine durchschnittliche oder sogar schlechte Note im Abiturzeugnis hat?*
Bei schlechten Noten würde ich jemanden nur zulassen, der einen Studieneignungstest durchlaufen hat. Noten sind nicht immer vergleichbar, da es in Deutschland kein zentrales Abitur gibt.

6. *Was sollten begabte Studierende für Ihr Fach mitbringen, was sich nicht an den Schulnoten ablesen lässt?*
Sie sollten Motivation und ein positives Verhältnis zur Technik mitbringen.

7. *Für wie wichtig halten Sie eine vorherige berufliche Ausbildung und, falls ja, welche würden Sie empfehlen?*
Eine berufliche Ausbildung ist von Vorteil, kann aber durch Praktika und Motivation sowie Projektarbeiten im Studium ausgeglichen werden.

8. *Würden Sie in einem Test die Allgemeinbildung eines Bewerbers und die Beherrschung der deutschen Sprache testen?*
Wenn diese vorhanden wären, wäre es schon gut.

9. *Was ist nach Ihrer Meinung wichtiger, dass der/die Studienbewerber/-in möglichst bereits vertieftes Fachwissen, z. B. durch Leistungskurse an der Oberstufe, mitbringt oder dass er oder sie über eine gute Allgemeinbildung und ein breites Basiswissen verfügt?*
Eine gute Allgemeinbildung und ein breites Basiswissen sind wichtiger. Der Kandidat sollte anwendungsbereites Wissen und Können haben.

10. *Würden Sie bei einem Studieneignungstest Fachwissen abfragen und, falls ja, welches? (Könnten Sie hier vielleicht einige Beispiele nennen?)*
Nein, ich würde nur Abiturstoff abfragen.

11. *Wenn Sie nur drei Fragen stellen dürften, um eine/-n Studienbewer-*
    ber/-in auszuwählen, welche drei Fragen würden Sie stellen?
    Wie stellen Sie sich ein Maschinenbau-Studium vor?
    Warum wollen Sie Maschinenbau studieren?
    Welche Vorstellungen haben Sie bezüglich Ihrer beruflichen Ent-
    wicklung?

12. *Wie sollte sich der/die Bewerber/-in Ihrer Meinung nach auf das*
    Studium oder das Auswehlverfahren vorbereiten?
    Er/Sie sollte in der Schule die entsprechenden Fachgebiete bzw.
    artverwandte Lehrgebiete wählen und durch Ferienjobs in die
    Praxis hineinschnuppern.

Fach: Rechtswissenschaft

Fragen an:
Prof. Dr. Peter M. Huber, München, Vorsitzender des Deutschen Juristen Fakultätentages

1. *In immer mehr Fächern reicht das Abitur als alleinige Zugangsvoraussetzung zu einem Studium nicht mehr aus. Studienbewerber müssen Hochschulauswahlverfahren in Form von schriftlichen Bewerbungen mit Motivationsschreiben, mündlichen Auswahlgesprächen oder schriftlichen Studieneignungstests durchlaufen. Tendenz steigend. Die Hochschulen können sich, wie das in anderen Ländern gängige Praxis ist, ihre Studierenden selbst auswählen. Was halten Sie von dieser Entwicklung?*
Angesichts des Umstandes, dass das Abitur an Aussagekraft nachgelassen hat, ist die Entwicklung unumgänglich. Allerdings sollte den Fakultäten das Recht gegeben werden, alle Studierenden auszuwählen.

2. *Welche Form der oben genannten drei Auswahlverfahren (schriftliche Bewerbung mit Motivationsschreiben, mündliches Auswahlgespräch, schriftlicher Studieneignungstest) würden Sie für Ihr Fach bevorzugen? Und warum?*
Ein Auswahlgespräch, weil es trotz möglicher Verzerrungen den zuverlässigsten Eindruck über die Studieneignung vermittelt.

3. *Welche Bedeutung hat Ihrer Meinung nach die Abiturdurchschnittsnote für die Studieneignung, die bisher in den zulassungsbeschränkten Studiengängen das Hauptauswahlkriterium war?*
Die Abiturdurchschnittsnote hat traditionell eine besondere Bedeutung für die Studieneignung.

4. *In welchen Schulfächern sollten künftige Studierende Ihres Fachs besonders gute Noten haben?*
Deutsch, Latein, Mathematik.

5. *Würden Sie jemand zum Studium Ihres Fachs zulassen, der in diesem Fach nur eine durchschnittliche oder sogar schlechte Note im Abiturzeugnis hat?*
In Ausnahmefällen.

6. *Was sollten begabte Studierende für Ihr Fach mitbringen, was sich nicht an den Schulnoten ablesen lässt?*
Rhetorische Begabung und Fantasie.

7. *Für wie wichtig halten Sie eine vorherige berufliche Ausbildung und, falls ja, welche würden Sie empfehlen?*
Nicht zwingend, ggf. Tätigkeit als Bankkaufmann, Anwaltsgehilfe oder im gehobenen Dienst.

8. *Würden Sie in einem Test die Allgemeinbildung eines Bewerbers und die Beherrschung der deutschen Sprache testen?*
Ja.

9. *Was ist nach Ihrer Meinung wichtiger, dass der/die Studienbewerber/-in möglichst bereits vertieftes Fachwissen, z. B. durch Leistungskurse an der Oberstufe, mitbringt oder dass er oder sie über eine gute Allgemeinbildung und ein breites Basiswissen verfügt?*
Gute Allgemeinbildung und Basiswissen.

10. *Würden Sie bei einem Studieneignungstest Fachwissen abfragen und, falls ja, welches? (Könnten Sie hier vielleicht einige Beispiele nennen?)*
Nein.

11. *Wenn Sie nur drei Fragen stellen dürften, um eine/-n Studienbewerber/-in auszuwählen, welche drei Fragen würden Sie stellen?*
Entfällt.

12. *Wie sollte sich der/die Bewerber/-in Ihrer Meinung nach auf das Studium oder das Auswahlverfahren vorbereiten?*
Durch die Lektüre des politischen und des Wirtschaftsteils von Tageszeitungen.

Verzeichnis der verwendeten Materialien und weitere Literatur zu Auswahlverfahren

Arbeitsgruppe Studienberatung (Hrsg.), *Erfolg im Auswahlgespräch. Der unentbehrliche Ratgeber zur Vorbereitung auf Auswahlgespräche an allen deutschen Hochschulen*, 2005 (s. auch unter *www.auswahlgespraeche.de*)

Hans-Martin Barthold, *Studienplatzvergabe nach Eignung und Motivation. Spielen Einser-Abitur oder geduldiges Warten keine Rolle mehr?*, in: Frankfurter Allgemeine Zeitung vom 31. Dezember 2004, S. 56

Deidesheimer Kreis, *Hochschulzulassung und Studieneignungstests. Studienfeldbezogene Verfahren zur Feststellung der Eignung für Numerus-clausus- und andere Studiengänge*, 1997

Peter Krammer, *FH-GURU: Die erfolgreiche Fachhochschul-Bewerbung*, Wien 2005

Dirk Lewin, Irene Lischka, *Passfähigkeit beim Hochschulzugang als Voraussetzung für Qualität und Effizienz von Hochschulbildung*, 2004 (= Arbeitsberichte des Instituts für Hochschulforschung an der Martin-Luther-Universität Halle-Wittenberg 6)

Christoph Müller, *Hochschulzulassung. Schieflagen einer Debatte*, in: Das Hochschulwesen 6/2004, S. 223–231

Christa Pfafferott, *Hochschulen im Auswahlfieber*, in: Abi spezial, S. 8–10 (= Sonderbeilage von ZEIT CHANCEN Nr. 39, 58. Jg., vom September 2004)

Veronika Renkes, *Von der Begrüßung bis zum Abschied. Struktur des Auswahlgesprächs. Ein Leitfaden für Dozenten*, in: Studierendenauswahl: Wie Sie die Besten finden, S. 6 (= duz-Werkstatt. Eine Beilage des duzMAGAZINS, enthalten in: duz, Nr. 5 vom 28. Mai 2004)

Ralf-Michael Weimar, *Wie die NRW-Hochschulen künftig ihre Studenten aussuchen und die neue Rolle der ZVS* (= Pressemitteilung des Ministeriums für Wissenschaft und Forschung des Landes Nordrhein-Westfalen vom 4. August 2004) (*http://idw-online.de/public/zeige_pm.html?mpid=84296*)

Stifterverband für die Deutsche Wissenschaft und Landesstiftung Baden-Württemberg (Hrsg.), *Hochschulzulassung: Auswahlmodelle für die Zukunft. Eine Entscheidungshilfe für die Hochschulen*, 2005 (= Schriftenreihe der Landesstiftung Baden-Württemberg 6)

Studierendenauswahl: Wie Sie die Besten finden (= duz-Werkstatt. Eine Beilage des duzMAGAZINS, enthalten in: duz, Nr. 5 vom 28. Mai 2004)

Günter Trost, *Deutsche und internationale Studierfähigkeitstests. Arten, Brauchbarkeit, Handhabung*, hrsg. vom Deutschen Akademischen Austauschdienst (DAAD), 2003

ZVS-Info Wintersemester 2005/2006, hrsg. von der Zentralstelle für die Vergabe von Studienplätzen, 2005

Ein Dankeschön

Für ihre Mithilfe an diesem Buch danken wir sehr herzlich:

Prof. Dr. Ulrich Bühler, Vorsitzender des Fachbereichstages Informatik, Fulda

Prof. Dr. François Bry, München

Prof. Dr. Henning Hopf, Präsident der Gesellschaft Deutscher Chemiker e. V., Frankfurt am Main

Prof. Dr. Peter M. Huber, Vorsitzender des Deutschen Juristen-Fakultätentages – Vereinigung der juristischen Fakultäten in der Bundesrepublik Deutschland

Dr. Georg Kääb, Geschäftsführer des Verbandes Deutscher Biologen und biowissenschaftlicher Fachgesellschaften, München

Prof. Dr.-Ing. Hans-Rainer Klemkow, Vorsitzender des Fachbereichstages Maschinenbau, Wismar

Prof. Dr. rer. pol. (habil.) Franz Peter Lang, Präsident des Bundesverbandes Deutscher Volks- und Betriebswirte e. V., Düsseldorf

Prof. Dr.-Ing. Wolfgang Marquardt, Stellvertretender Vorsitzender des Fakultätentages für Maschinenbau und Verfahrenstechnik, Aachen

Prof. Dr. Hans Jürgen Ohlbach, München

Erich Pöschl, Ehingen/Donau

Annika Richter, Nackenheim

Frank Rueß, Ehingen/Donau

Beatrix Verse, Ehingen/Donau